王　儀著

古代中韓關係與日本

中華書局印行

目錄

拾陸　南北朝中國與高句麗百濟新羅日本的關係……一一五

壹　前　言

一　韓國歷史與中、日兩國歷史不易分開

大韓民國雖然建立在中國東北邊境的朝鮮半島，但其發祥地，却在鴨綠江以西原屬中國遼東之地——殷末周初，箕子開拓朝鮮的基地。今日大韓民國（包括南韓、北韓）的疆域，則是承繼朝鮮半島上古朝鮮的遺產。

朝鮮半島是亞洲大陸與日本列島間的唯一「旱橋」，是日本邁入大陸的跳板，由於地理形勢使然，一部韓國歷史，自上古以迄現代，難與中日兩國的歷史分開；「中韓一家」，水乳交融，固屬鐵的事實，但韓人遭受其強鄰日本的侵凌，亦史實俱在。而中國基於道義立場，一再援助韓國獨立，不惜與日本兵刃相見，濟弱扶傾的泱泱大國風範，不僅是亞洲史上所鮮見，即是世界史上亦屬罕有。

二　韓國名稱的由來

韓國始稱「朝鮮」，爲中國所命名。因其位在東方，以日光早明而得名。箕氏、衛氏時代，皆沿用朝鮮國號。

西元前一世紀後，東胡族的烏桓、鮮卑騷擾中國東北，中國大陸通往朝鮮半島的陸路交通因而阻

斷。此時，朝鮮半島上有「高句麗」、「百濟」、「新羅」三國的興起，形成「三國鼎立」的局面。

西元七世紀，「高句麗」、「百濟」先後爲唐所滅，「新羅」通款納貢於唐，爲中國文化輸入朝鮮半島的極盛時代，唐高宗目新羅爲「君子之國」。及唐武后稱帝，人心離散，新羅盡併高句麗、百濟故地，稱雄朝鮮半島。

西元九世紀末葉（唐代末期），朝鮮半島上的政治形勢又復改觀，新羅式微，半島出現「新羅」、「後百濟」、「泰封」三國對峙之局。西元九一八年（後梁末帝貞明四年），泰封侍中王建自立爲王，國號「高麗」。未久，新羅不堪後百濟侵逼，投降高麗。繼之，後百濟亦爲高麗所併，高麗統一朝鮮半島。

西元一三九二年（明洪武二十五年），李成桂（李旦）篡王氏高麗，復號「朝鮮」。其後，李氏朝鮮統治半島達五百年。

西元二十世紀初（日俄戰後），朝鮮脫離大國羈絆，成爲一獨立國家，改稱「大韓」。

西元一九一〇年（清宣統二年），日本併大韓，復其「朝鮮」舊稱。

第二次世界大戰期中，韓志士在中國組織光復軍，對日作戰，中國朝鮮對韓人的復國運動，殊多贊助。

西元一九四三年（民國三十二年），中、美、英三國領袖在開羅會議，蔣委員長建議「朝鮮於相當期間內自由獨立」，而獲通過。

西元一九四五年（民國三十四年），中、英、美三國菠茨坦宣言，重申開羅會議宣言（剝奪日本自第一次世界大戰在太平洋所獲得或佔領之一切島嶼。日本竊取中國東北四省、臺灣、澎湖列島均應歸還中國。朝鮮獨立。日本主權限於本州、北海道、九州、四國及指定之小島）。迨二次世界大戰結束，韓人於西元一九四八年（民國三十七年）八月十五日光復國土，復號「大韓」，成爲獨立國家。

三　韓國戰略形勢重要

韓國爲黃種韓民族的居地，位於亞洲大陸東陲，從中國東北向東南伸出的大半島，面積八五・二四六方哩。北與中國東北及蘇俄濱海省接壤，南隔對馬海峽與日本相望，面臨黃海，東濱日本海。就地理形勢言，朝鮮半島爲亞洲東北大陸和海洋間的走廊，甚具戰略價値，大陸國家每以朝鮮半島爲橋樑，向海洋發展，而海洋國家又以朝鮮半島踏上大陸的跳板。溯自日本崇神天皇（當漢武帝時代）支援朝鮮半島「三國分立時代」的大伽耶（又名任那，今慶尙北道高靈郡），渡海登陸朝鮮半島，以及日本神功皇后於任那置日本府，駐箚重兵，統制諸韓以來，波瀾常由此半島湧起，陸上大國與海洋國家的衝突，遂在半島展開；中國當唐、明、淸時代，因韓國問題而與日本在半島兵刄相見。淸日甲午戰後，繼有日俄之役，中、俄先後戰敗，日本遂併有朝鮮。直至二次世界大戰結束，韓人始自日本掌握中解放，但却因美、蘇二國的分別佔領，朝鮮半島出現南北二政權，致有韓戰的發生。就戰略形勢言，南北韓的戰爭，是海陸兩強的半島爭奪戰，除非一方獲得壓倒性的勝利，否則南北分立的韓國，仍然無法建立統一的政府。

四　中韓關係源遠流長

中、韓兩國國境相連，中韓關係可遠溯至五千年前的新石器時代。據考古學家在朝鮮半島西南部所發現的「撐石」（西方學者稱之石棹），認定是新石器時代的文化遺產。「撐石」以天然大石爲頂，另以三、四短細石柱支撐而立，其形式一如中國山東半島的「石棚」。在朝韓半島中北部發現的「石棚」，是新石器時代末期至金石並用時代的文化遺產，用四大石壁以代支柱，頂石之邊，伸出四壁之外，其形狀與中國遼東半島的「石棚」相似。遼東半島與朝鮮半島一江（鴨綠江）之隔，山東半島與朝鮮半島一海（黃海）之隔，中韓兩國相距不遠，文化遺產相同，誠非偶然巧合。

依據文字史料，中韓兩國關係，可追溯三千餘年前殷末周初，箕子經營遼東，進而拓展朝鮮半島北部開始。日本歷史學家林泰輔氏亦云：「當時（指古朝鮮）之所謂朝鮮者，與今日之疆域完全不同，大抵含今之遼東及朝鮮之北部。」（朝鮮通史）漢惠帝時代，燕人衞滿驅逐箕氏，建立衞氏朝鮮，統治朝鮮半島北部。箕氏後裔南下馬韓，另建政權，自立爲韓王，朝鮮半島上呈現兩個中國客籍政權南北對峙的局面。此時，半島南部又有「三韓」的分立，除「馬韓」爲半島土著民族所建外；「辰韓」爲秦之亡人所建；「弁韓」爲齊東亡人所立，均爲中國人建立的政權。其後，嬴秦暴政，東漢末年的黃巾賊亂，西晉末年的五胡亂華，中國人不堪苛政、賊亂與胡人的迫害，相率遷往朝鮮半島避難，長期定居，與韓人通婚，促成中、韓兩國不僅是壤地相接的唇齒之邦，亦是血統相同的兄弟之國。這不僅是中國人民的光榮，亦是韓國人民的光榮。

中、韓兩國在三千餘年的長期交往，間有不愉快情事，甚而訴之戰爭，但由於文化的交流與道義的互助，每能彌補怨嫌，契合無間。如十二世紀王氏高麗不服遼、金而親弱宋；十七世紀明神宗爲支援李氏朝鮮而與日本作戰，明雖獲勝，但喪師數十萬，費饟七百八十餘萬兩，其爲韓人效力，不可謂不大。明亡，李氏朝鮮對明不忘，李氏王朝在宮中設「大報壇」，每年祭祀明太祖、神宗、思宗三帝，對明思宗殉國，尤爲崇敬。朝鮮英祖二年（清雍正四年、西元一七二六年），北青明毅宗御筆「非禮不動碑」立碑，其文有謂：「偶得崇禎御筆四大字而來付與於故奉朝賀宋時烈仍口貞珉建祠其傍，名曰『萬東』，蓋取一間茅屋祭昭王之意。嗚呼！此豈非體聖祖尊周之大至歟：寶畫如新，再三欽奉，涕泗被面，……以伸追恭之忱云爾。」觀此可證李氏朝鮮對朱明的心悅誠服，感念不忘。再如清德宗支援李氏朝鮮與日本的甲午之戰，可謂中、韓兩國道義上的最高表現。這種道義精神啓示吾人，「國際間必以文化道義相濡呴，而後始有和平共存的可能，亦卽人類社會必以文化道義相濡呴，而後世界纔有永久的和平」。而一部中韓關係史，正洋溢此一崇高的精神。

五　中日同文同種淵源尤深

日本位於亞洲東北部，迄立東海。最初居住日本島上的民族，是來自亞洲西部的「舊蝦夷族」。遠在三千年前，他們東經西伯利亞而至日本。初時，他們勢力很大，種族散布於日本各地。其後，亞洲東北部的「通古斯族」遷入，由於文化較高，隨着武力的擴張，舊蝦夷族被逐回舊日根據地的日本東北部，（時至今日，他們的後裔，仍然存在日本東北部的北海道）通古斯族驅走舊蝦夷族後，以大和（奈良）爲根據地，經略西方，奠立日本建國的基礎，成爲日本民族的主幹。日史稱之「原日本人」，亦即「大和民族」。

日本民族除上述的先住民族之外，尚有來自一海之隔的「朝鮮人」（韓人），及自南方渡海而至的「印度支那族」，以及來自菲律賓的「馬來人」。至於「漢人」渡日，大抵經由朝鮮半島而往，蓋因秦漢時期的戰亂而避往三島，雖然爲時較晚，可是對日本文化的影響，以及國家的建設，均有莫大的貢獻。

日本人自稱他們在西元前六六〇年，由天照女神的孫子神武天皇建國。這就是「萬世一系」的日本天皇的「開山祖」。這個時期相當於周惠王十七年。

秦始皇初併天下，甘心於神僊之道，遣徐福、韓終之屬，多齎童男女入海，求神採藥；這時是日本孝靈天皇時代。可是徐福載船入海後，「求蓬萊神仙不得，徐福畏誅，不敢還，遂止此洲。」（後漢書東夷傳）據近人的考證，海上三神仙之一的「蓬萊」，就是日本列島；而徐福入海所到的地方，也就是日本。現在日本尙存有徐福墓祠。其他諸如日本學者所著的「徐福碑」、「風土紀」、「孝靈通鑑」等，均對徐福東渡，記載甚詳。

漢武帝北伐匈奴，西通西域，西南經略西南夷，南平百越，東征衞氏朝鮮，漢室聲威大振；中國人以「漢族」見稱於世界者，卽在此時。

漢武帝旣滅衞氏朝鮮，自是，朝鮮半島北部，臣服中國達百年之久，而南部的馬韓、辰韓、弁韓，史稱「三韓」，亦逐漸接觸中國文化。日本九州地方的倭人，因地近朝鮮南端，渡海方便，於是將中國文化間接輸入本國。

日本因震於漢武帝聲威，於是通使中國。

東漢光武時期，日本遣使朝貢，光武帝賜以印綬。

魏文帝卽位，公孫淵（康子）自爲燕王，擅不奉召，並勸誘鮮卑族人，侵擾北方。於是魏文帝遣司馬懿征遼東，斬燕王父子，浮海收帶方、樂浪等地，控制朝鮮半島，威震海表。日本震於魏國的強盛，遂遣使通好。

洛陽是當年的魏都，是中土莊嚴都城的所在地，日人四次入貢，於觀光上國之後，不無促動向化動機。

當中國魏晉之際，中國和朝鮮半島都有戰亂，中國人民紛紛前往三島避難，這批人大都瞭解中國文化，有專門技術，到達日本之後，頗受日本貴族的優禮。他們對於促進日本政治文化的進步，有很大的貢獻，於是日本文化逐漸深染中國文化的色彩，不復是單純的日本文化。

晉武帝時，日本繼續遣使入貢；中國文字經朝鮮半島的「百濟」輸入日本。五胡亂華，鮮卑族新起於遼西，掠有遼東西之地，使晉室與朝鮮半島領土的樂浪、帶方斷絕聯絡，因之，中日交通受阻，中日邦交中斷約一百四十七年。迨東晉安帝十四年（西元四一八年），大將劉裕北伐，先克洛陽，後克長安，征滅後秦，聲威轉壯，日本復遣使入貢。

南北朝時代，宋武帝頒給日本詔書；終劉宋一代，凡六十一年間，日本曾八次朝獻，歷仁德、履仲、允恭、安康、雄略五帝。宋廷均以「將軍」封號頒賜日皇。齊高帝援前朝例，進封日皇武(雄略)爲「鎮東大將軍」。惟當此時，日本皇族對於皇位之爭，日趨激烈，雄略天皇致力討平皇室內訌，引起骨肉殘殺。故自宋順帝昇明二年至蕭齊一代，日本未嘗來朝，齊高帝對日本之授爵，僅係外交形式而已。梁武帝時，進武號「征東大將軍」。在此時期，日本因皇位之爭，結果日廷大權旁落，漸移於中央豪族之掌握。

隋文帝開皇二十年（西元六〇〇年），日本推古天皇繼雄略天皇之後，使停頓一百二十二年之久的中日邦交，重告恢復。

日本經魏晉南北朝以來的入貢中國，於瞻仰中國文物教化之餘，向化之心，早已萌芽。加之漢字、漢學的輸入，日本朝野對中國經典已略有所窺，欽慕之心，油然而生，日本上下均持同一願望，冀能建立一華化國家。爲達成此一計劃的實現，於是有「遣隋使運動」，以便將中國文化作有系統的輸入。日本於是由漫無目標的隨意行動，變爲有計劃的積極行動，來爭取中國文化的輸入。

唐初文治武功，彪炳史乘。就文治言：太宗貞觀時代的政績，至今仍爲史家所樂道；就武功言：太宗北破突厥，聲威所暨，異國君長，羣尊爲「天可汗」，四方異族，經唐太宗、高宗二帝的經略，無不威服。唐代版圖之大，東達日本及朝鮮半島，北指大漠南北，西逾葱嶺而至波斯，西南則吐蕃稱藩，兵力遠達印度，故印度支那半島及南洋各國，均遣使來貢。亞洲大陸幾爲唐代所獨霸，國勢之盛，中國史上除元朝外，無一朝代可與抗衡。唐以東方共主姿態出現，建立亞洲唯一大帝國，爲第七世紀以來三百年間，世界上最文明而又繁榮的國家，亦爲中國史上最光榮的盛世。至今世界各地，仍沿用「唐人」稱呼我中華民族，實肇基於當年大唐帝國之聲威耳。

隋亡唐興，日本留學生與學問僧先後返國，上奏舒明天皇說：「大唐國者，法式備定，珍國也。常須達。」（日本書紀）。於是日本智識階級咸以「景慕之情懷，模仿之欲望，勃不可遏」的興奮情態下，繼續攝取中國的優秀文化，因而繼「遣隋使」之後，復有「遣唐使」之舉。「遣唐使」自日本舒明天皇二年（唐太宗貞觀四年、西元六三〇年），犬上御田鍬使唐起，至宇多天皇寬平六年（唐昭宗乾寧元年、西元八九四年）止，前後共十九次，達二百六十四年之久，爲世界史上極可注目之事。「遣唐使」的來華，除使臣外，必伴有大批的留學生與學問僧。

西元六四五年（唐太宗貞觀十九年），孝德天皇即位，改元「大化」（日本有年號之始），下詔革新政治，史稱「大化改革」。自此，日本自神武開國以來，幼稚而不健全的「氏族政治」從此結束。大化革新的中心人物，除中大兄皇太子與內大臣中臣鎌足之外，尚有孝德天皇之師高向玄理與僧旻二人，他們留學隋都，深受中國文化的陶冶，而又敬服唐初貞觀之治的政教制度，他們受委爲「國博士」，遂以唐制爲藍本來改革國政。

日本自大化改革後，由於日本的長於模仿，勇於負責，故成效已見。當此時期，朝鮮半島適有戰爭，蓋半島新羅、高句麗、百濟三國，以新羅事唐最恭，但百濟恃高句麗之援，時對新羅侵迫，新羅乃乞援於唐。唐顯慶五年（日本齊明天皇復辟之六年、西元六六〇年），唐高宗命蘇定方由成山（山東成山角）渡海，大敗百濟軍於熊津江（錦江口），繼水陸並進，圍攻百濟國都泗沘城（扶餘），百濟王走熊津被俘，唐置「熊津都督府」治理其地。唐龍朔元年（西元六六一年），百濟故將福信據周留城（扶安），迎王子（豐）往日本求援。齊明天皇派太子（天智）往筑紫部署軍事，並以水師五千援豐，立爲百濟王，使叛唐獨立，復以兵圍熊津。唐高宗即詔劉仁軌率水師往援，又敗百濟於熊津江口。唐龍朔二年（日本天智攝位一年），百濟復向日本乞援，唐亦加遣孫仁師增援熊津。唐龍朔三年，劉仁軌率水師自熊津入白江（長津江）大敗日軍，日將秦田來津戰死，部卒五千全軍覆沒；劉部焚燬日艦四百艘，「煙炎灼天，海水爲赤」。百濟王（豐）投奔高句麗，王子忠、勝等率國人及日軍餘衆降唐，唐高宗詔劉仁軌受降並遣李勣攻取高句麗，高句麗國王請降，唐分其地爲九都督府，置「安東都督府」於平壤，統治高句麗與百濟。中日自白江口之役後，天智天皇深懼唐師來征，除積極增強海防外，爲示輸誠，兩次遣使。終唐之世，日本懾於唐室聲威，翕然臣服。

日本自桓武天皇遷都平安（西京）初期，繼續遣使入唐，惟自宇多天皇寬平六年以後，「遣唐使」已告停頓。

西元九〇七年，朱全忠簒唐稱梁，遂開五代嬗遞之始，此當日本醍醐天皇延喜七年，日人以中國局勢混亂中止遣使。此時，日本對外採取「消極態度」，中日關係賴吳越（五代時中國南方列國之一）商人的經商往來，而資溝通。吳越遞有使者至日，惟日本答覆吳越之文書，於形式上執私交體裁，避免官式文書，可知日本不視吳越爲正統。由於中原戰亂，文物散失，中國文化漸趨衰落，加之列國分立，自相割據，致啓日本輕視之心。日本自定都平安以來，由於國內長期安定，日本文化亦日漸成長矣。

惟在吳越王元瓘之世，當後唐天成二年（西元九二七年）起，日本醍醐天皇嘗遣使入遼（契丹；）蓋畏契丹強盛故也。

北宋時期，日本文化已蔚然可觀，一面吸收中國文化，一面輸出日本文化，爲中日文化交流之始。惟此一時期，日本實行「閉關主義」，禁止日人私自渡海。故中、日兩國亦如五代時期相似，並無國交可言；此乃宋室國力不振，日人廢止通使故也。（吾人讀史，可知外族的服叛中國，每以中國國勢的盛衰而定。）然日本於宋哲宗元祐中，復二度貢遼。

南宋時期，中日雖無正式國交，惟因貿易的進出，及民間的自由往來，國際關係迄未中斷。復因南宋文化適合日本新起「武家」的好尚，日人除大量吸收中國文化外，更將日本文化輸入中國，因而促進中、日文化的交流。

元世祖兩次征日，日人視爲「空前國難」，朝野震悸，舉國騷動。後宇多天皇更親往九州八幡祠，祈神降福日人，又宣命大神宮，以身代國難。三島之上，戰雲密布，羣情惶恐，市無糴米，百業停頓，情勢之嚴重，爲日本自神武天皇開國以來所未見。終因颱風助日，元軍於深入日本本土作戰，獲得輝煌戰果後，以風災倏起，猝不及防，致使大軍覆沉海中，日本倖免亡國之禍。

中日兩國關係，雖因元軍東征而惡化，但日商來元貿易，迄未中斷，海上船舶航行，通暢無阻，而中國文化雖在元日戰爭狀態下，一如前代的東傳日本。對日本美術及日人的生活，多有影響及改善。

明末清初，中國學者避難至日頗多，朱子及王陽明之學說瀰漫三島，迨日本明治維新，一戰勝我，再戰勝俄，日本一躍而爲世界大國，於是摹仿西法，力求政治革新；中國留日學生日衆，清季之變法與革命，殆受日本維新之影響。

惟二千年來，中國所施於日本者厚，而日本報之者酷，此種情形，在日本明治維新「軍國主義」正熾，「大陸政策」產生後，益爲顯著；民國成立以來，更復變本加厲，對我侵略。故中華民國自締造始，至八年抗戰，日本失敗止，此三十四年間，不啻爲日本侵華史。惟善鄰睦友，爲我傳統政策，以德報怨，更爲我中華民族最高的德性。故當我抗戰勝利之日，蔣總統秉賦中國傳統之寬容精神，不咎既往，宣示國人，以「不念舊惡」及「與人爲善」之態度，對戰敗國之日本，不採報復政策，以期中日重修邦交，攜手合作。是則，不獨中日兩國身受其利，且東亞和平亦賴而維護。反之，兩敗俱傷，中日兩國固無前途可言，而世界和平亦永無實現之期。脣齒相依，利害攸關。自民國四十一年四月二十八日「中日雙邊和平條約」簽訂後，宿怨盡釋，中日兩國欲保障其國際地位，必須密切合作，共同致力於東亞和平之建設。惟自田中角榮於民國六十一年七月膺任日本首相後，即着手與中共「關係正常化」，中日邦交面臨嚴重考驗，果而，兩國外交復將停頓矣。

六　本書敍述的範圍

本書敍述箕子開拓朝鮮，以迄南北朝時代，歷時一千七百年，中、韓及日本有關政治、外交、軍事、文化的史實，說明中、韓、日三國在古代的邦交關係。以供研究韓日問題的參考。

筆者其他有關中國與韓、日的著述：「隋唐與後三韓關係及日本遣隋使遣唐使運動」（中華書局出版）、「蒙古元與王氏高麗及日本的關係」（商務印書館人人文庫出版）、「朱明與李氏朝鮮」（商務印書館人人文庫出版），請讀者參閱。

貳　經略朝鮮的先驅者——箕子

一　殷（商）的興衰

商代是中國信史的開始，因爲中國原始文字（甲骨文）在商代創成。學者有以文字的有無，將歷史區別爲史前（先史時代）與史後（歷史時代），野蠻與文明，可知商代在中國史上所佔地位的重要。

商始祖契，帝嚳之子，虞舜時任司徒，賜姓子氏，契以蕃（河北平山附近）爲根據地，契子昭明遷於砥石（河北砥水流域），後遷於商（河南商邱），即「大邑商」。昭明子相土雄才大略，大啓疆宇，拓地遠至朝鮮半島，並建東都於泰山之麓。十四傳至成湯（名履、又名天乙），夏桀三十五年（西元前一七八四年），嗣爲諸侯，以亳（河南商邱東南）爲根據地。嘗見獵者張網四面，命去其三，諸侯感其仁，歸之者四十餘國。時桀雖無道，然葛（河南寧陵）、顧（山東范縣）、韋（河南滑縣）、昆吾（河北濮陽）諸國及九夷尙臣服於夏，湯乃先後消滅葛、顧、韋、昆吾。後六年，桀囚成湯於夏臺（獄名），尋釋之。成湯益修德行，諸侯去夏歸商。夏桀五十二年（西元前一七六七年），桀殺諫臣關龍逢，九夷乃叛。夏桀五十三年（西元前一七六六年），成湯伐夏，敗桀於鳴條（山西安邑北），追至三朡（山東濟陰），又敗之於郕（山東寧陽北），獲桀於焦門，放之南巢（安徽巢縣），湯乃代桀爲天子，遷都於商，以伊尹爲相，國號商（以征誅而得天下自此始）。

自成湯居亳至第十九代盤庚自奄（山東曲阜）遷殷（河南安陽），凡五遷國都。其後歷二百七十餘年商亡，未再遷都，故商、殷並稱。

商代的疆域以中原地區爲中心，奄有黃河下游之地，約當河南、山東、河北之交。東達沿海，西至陝西，北至河北、山西，南抵長江。

商湯二年（西元前一七六五年），天下大旱。七年（西元前一七六〇年），成湯禱雨於桑林，以「政不節，民失職，宮室崇，包苴行，讒夫昌，女謁盛」六事自責，勇於自修，銘其盤曰：「苟日新，日日新，又日新」。在位十三年崩。子太丁未立而死。太丁弟外丙嗣位二年崩。仲壬四年崩。太丁子太甲（太宗）立，不遵祖法，宰相伊尹誡之不聽，放逐於桐（河南偃師西南湯陵），伊尹攝政以朝諸侯。三年後太甲悔過，伊尹迎還復位（大臣廢立嗣主自此始），在位三十三年崩。子沃丁、太庚依次立。太庚崩，子小甲、雍己依次立。雍己弟太戊立，是爲中宗。元年（西元前一六三七年），桑穀共生於朝，一夜合圍。太戊懼，以伊陟爲相，大修商政，諸侯歸之。太戊六十一年（西元前一五七七年），九夷來賓，在位七十五年崩。子仲丁立，河水爲患，始都囂（河南河陰）。仲丁至陽甲九君五世，一百六十一年，凡三遷都。沃甲至陽甲凡四君，皆因嗣位內爭，商政始衰。陽甲弟盤庚立，自奄遷殷，商政中興，在位二十八年崩。弟小辛、小乙繼立，商政復衰。小乙子武丁立，以傅說爲相，國家大治，在位五十九年，爲商政鼎盛時期。在商的領域中，尚有許多諸侯國及文化落後的外族，其中以鬼方最強。商初，鬼方服屬於商，商末，鬼方與商爲敵。其外，另有人方、土方、羌方、盂方、井方等。鬼方根據地在山西北部及陝西北部、西部，武丁時對鬼方用兵三年，經此次討伐，終商之世，鬼方未再爲患。其後，歷祖庚、祖甲。廩辛時人方叛亂，商發兵東征，平定人方叛亂，但國力因而大損，予西方的周民族以可乘之機。庚丁、武乙、太丁、帝乙、受辛（紂）五君，以畋遊飲宴爲事，政治腐敗，國運衰替。商人酗酒爲樂，放縱頹廢，終爲周人所滅。綜商代自成湯建國迄受辛滅亡，傳君三十，十七世，得國六百四十四年。

二　忠君愛國著有清譽的箕子

箕子是中國殷朝末代君主紂（按帝乙之子，名受辛，史以其殘忍損義稱之爲紂）的叔父，姓子，名胥餘（一作須臾），官居太師，是「父師」之位。後封子爵，國在箕，故人稱箕子而不名，以示尊賢之意。

紂王淫虐奢靡，箕子屢次勸諫，紂不納，乃「佯狂爲奴」。據司馬遷的「史記宋微子世家」說：「箕子者，紂親戚也。紂始爲象箸，箕子嘆曰：『彼爲象箸，必爲玉杯；爲玉杯，則必思遠方珍怪之物而御之矣。輿馬宮室之漸自此始；不可振也。』紂王淫佚，箕子諫不聽。人或曰：『可以去矣。』箕子曰：『爲人臣諫不聽而去，是彰君之惡而自説（悅也）於民，吾不忍也。』乃披髮佯狂而爲奴，遂隱而鼓琴以自悲，故傳之曰箕子操。」足見箕子是個忠君愛國而有清譽的人。

紂王不能領悟箕子愛國的苦心，箕子的佯狂，反觸其怒，逮之下獄。直至商紂三十三年（周武王十三年、西元前一一二二年）二月，周武王姬發征服殷都朝歌（今河南淇縣），始將箕子釋放。

三　周的興起與殷的滅亡

周是商末興起於陝西渭水流域的國家。周始祖棄，姓姬氏，爲帝嚳之子，虞舜時官后稷，封於邰（陝西武功）。棄傳子不窋，夏太康時失官，西走鬼方。至不窋孫公劉，始定居豳（陝西邠縣），復修后稷之業，民多歸之。公劉九傳至古公亶父（周太王），鬼方侵逼，商王小乙二十六年（西元前一三二七年），率衆由豳遷至岐山（陝西岐山）下的周原，國號周，爲商朝的諸侯國。故「卜辭」有「令周侯」的記錄。岐山一帶土地肥沃，周人擅長農業，上下勤奮，數十年間蔚成強國。

古公亶父有三子，長泰伯，次虞仲，幼季歷。季歷生昌，有聖德。古公亶父欲傳位季歷以及昌，泰伯、虞仲乃南奔荊蠻（江蘇境），讓位於季歷。季歷當商王帝乙元年（西元前一一九一年）爲侯伯。七年（西元前一一八五年），子昌繼立，是爲西伯（周文王）。西伯敬老尊賢，力行仁政，諸侯多歸附，國土日廣。商紂十一年（西元前一一四四年），紂王囚西伯於羑里，三年釋歸，受賜弓矢斧鉞，得專征伐。明年，西伯聘姜尚（太公望）於渭濱，拜爲師。其後數年間，討克商的諸侯國密須（甘肅靈臺西）、崇（河南嵩縣附近）、黎（山西黎城東北）、邘（河南懷慶西北）。時諸侯叛商歸周者三分居二，周控制涇渭流域，並伸展勢力至山西南部及河南西南部，遂自岐山遷都豐邑（陝西鄠縣東），以便東進威脅商的中心地區。

周原是殷的封侯（殷末稱周侯），但殷周間的關係，却不和諧，從甲骨文上可以發見「寇周」與「剪商」的敵視對方文字。商紂二十年（西元前一一三五年），西伯昌崩，世子發（武王）立。商紂三十三年，紂王暴虐日甚，諸侯相率歸附周侯，姬發勢力大增，指控紂聽信婦言（指寵信妲己）、不祭祖先、不用宗室、暴虐人民四罪。親率戎車三百乘，虎賁三千人，甲士四萬五千人，自盟津（河南孟縣南）渡黃河北上，在朝歌誓師伐紂。牧野（在殷都郊野）之役，紂軍前鋒部隊倒戈，而西南八百餘部落亦羣起助周，紂兵潰退，周軍圍攻殷都日亟，紂王避於鹿臺（按殷代帝王喜在苑囿勝處，建築高聳石樓，居高瞭望獵獸作樂。）穿戴冠服，四周堆置珍寶，縱火自焚。周侯割其首級及二妾，一併號令示衆。

商的迅速敗亡，表面是周文王、武王的行仁而民心歸向，及商紂的淫暴而民心離叛，所謂「湯武革命，應乎天而順乎人。」但周人的記載却洩露商、周之際的消息：「紂克東夷而隕其身」，可見商在牧野戰前，因平東夷而大損國力，武王乘商疲敝之餘，一戰取勝；「昔周饑，克殷而年豐」，足見周人伐商為掠奪糧食的生存之戰。

牧野一戰，周武王僅推翻商的中樞，而未征服商所有的諸侯國，因之在克商初期，對商人採懷柔政策，自動退出殷都，封紂王子武庚於邶（河南淇縣北）以統治商的近畿；另封弟叔鮮於管（河南鄭縣）、叔度於蔡（河南上蔡）、叔處於霍（山西霍縣），成三鼎足以監視武庚，號稱「三監」。武王自率大軍西歸，自豐邑遷都鎬京（陝西長安西南）。

武王克殷後七年（西元前一一一五年）崩，子成王誦幼，武王弟周公旦（武王克殷，封周公旦於魯，因佐朝政而未就封）攝政當國。武王弟叔鮮、叔度等不服，聯合奄國（山東曲阜）及淮河下游的外族淮夷、徐夷，並扶持武庚叛周。周公旦親自東征，周成王三年（西元前一一一三年），再定殷地，殺武庚、叔鮮，放叔度，囚殺處，並平奄、徐夷、淮夷諸國。於是周室勢力再度東向擴展，直達黃河下游和淮河流域一帶，商殘餘勢力全部消滅。史稱周公旦東征為「二次克商」。

四　箕子的開拓遼東

箕子是殷紂朝的國師，又是紂王的近支尊親，他對紂王生前不納其言，而招致亡國焚身之慘禍，固甚悲痛，但對姬發慘忍報復行為亦極為不滿（孟子對周武王用殘酷的行為，處置已死的敵手，亦認為有失仁恕之道），所以以他的品格與地位，是不能亦不願臣事周室，甘為貳臣。於是當他在釋放之後，帶領五千之衆，舉凡詩、書、禮、樂、陰陽、卜筮以至百工技藝俱備，以孤臣孽子之心遠走塞外的遼東，從事他遠大的開拓事業。故韓國「增補文獻備考」（藝文考）亦云：「涵虛子曰：箕子率中國五千人入朝鮮，其詩、書、禮、樂、醫、巫、陰陽、卜筮之流，皆往從焉。」

遼東自古就是中國領土，禹貢時稱「東夷」，為青、冀二州之地，包括在九服之內。箕子選擇遼東為其開拓地區，原因是當時長白山附近，已有定居的肅愼人（按肅愼唐虞稱息愼，周稱肅愼，為今吉林及俄屬東海濱省之處，均為古東夷之地），遼東地方已非荒蕪無人之地，這對箕子的墾殖工作是

比較有利的。日本的韓史專家林泰輔氏亦主此說，有謂：「箕子的來拓恐亦在遼東地方也。」（朝鮮通史）

箕子以遼東爲開基的古朝鮮，是沿遼河流域而漸次開發的，其疆域範圍是今日的安東、遼寧二省與吉林省的大部分。之後，纔南渡鴨綠江，前往朝鮮半島展開他廣大的海外開拓事業。起始集中在半島的大同江北岸，最後更擴展到漢江一帶，爲箕氏朝鮮奠定政教規模。

五　箕子經營朝鮮半島北部

箕子開拓遼東，僅不過是他經略朝鮮的初步工作，他主要的目標是在朝鮮，他以遼東做跳板，南渡鴨綠江，以實現他偉大的抱負。

在中國的商代，朝鮮半島的土著民族，早與商民族在沿海一帶已有交往，箕子的選擇朝鮮半島作爲他設桴於海的開發目標，正是基於歷史與地理的原因。徐亮之氏的「中韓關係史話」說得好：

「商民族本興起於東方，可能卽龍山文化的主人（龍山在山東濟南附近），龍山文化有黑陶與卜骨；而代表後期商民族文化的廢墟，亦出現黑陶層和更多的卜骨。說明這文化由東漸西；說明商民族原活動於沿海一帶，可能與朝鮮半島早有往還。」

可知箕子以遼東爲基地，進而開拓朝鮮半島，是有計劃有步驟的行動。

六　箕子在朝鮮的政績

箕子未開拓前的朝鮮半島，是一片荒凉之地，半島上的人民，過着原始的經濟生活。箕子自中國大陸的遼東到達半島大同江流域之後，便選擇平壤做他創業的基地。平壤位於半島西海岸，接近遼東，「上陸可耕，入海可漁」，地理環境優良，箕子將它定爲國都。經過箕子襤褸經營，平壤由蠻荒變成朝鮮的政教中心（爲今日朝鮮半島上的最古文化城）。之後，箕子又逐漸將其勢力伸張到漢江的北岸。至漢江以南之地，則屬「三韓」的政治範圍。

玆將箕子對朝鮮功績，擇其犖犖大者，介紹如次：

改良農業生產技術——箕子應用殷人的農業技術，敎導居民田蠶、織作。按自盤庚以後，殷人進入定居的農業社會，已知蓄養牛羊牲畜（甲骨文字有牛羊字彙）與蠶桑事業（據李濟的「西陰村史前的遺存」一文，證實在新石器時代的西陰村，發現半個經過人工割裂的繭殼，是則殷末蠶桑事業則更爲普遍），箕子東渡朝鮮之後，利用殷人進步的農業生產技術，從事農業的開發，結果將朝鮮半島北部的居民，帶入安定的農耕社會。

崇尚法治——箕子不僅消極的敎民以禮，更積極的提倡法治，他爲杜絕社會上「殺」、「盜」的暴戾行爲，特別制定「八條」之禁，規定：「相殺以當時償殺，相傷以穀償，相盜者男沒入爲其家奴，女爲婢。」據說當時因犯罪而欲「自贖者」，有五十萬之衆，足見社會秩序的混亂。由於箕子的厲行法治與加強教化的結果，「其民終不相盜，無門戶之閉，婦人貞信不淫辟。」作奸犯科的人雖贖爲良，然「俗猶恥之」。於是蔚成社會善良風氣，使箕氏朝鮮成爲一個安定而有秩序的法治國家。

廢除買賣式婚姻制度——箕子主張男女的婚姻，應該做到「嫁娶無所售」，婚姻的基礎建立在愛情上，而不是商品的買賣。

建立土地制度——箕子用殷代的田制做藍本，在朝鮮推行土地制度。這種田制是將土地劃爲四區，每區七十畝，正如孟子所謂「殷人七十而助」。雖然殷人井田遺跡，在中國迄未發現，却在朝鮮得到證實。眞所謂「禮失而取諸野」歟！當明穆宗朱載垕隆慶初年，兵科給事中魏時亮出使李氏朝鮮，在其「平壤拜箕子墓並訪井田遺跡」詩中指證朝鮮實施井田的遺跡：

「禹範留西土，先生獨向東。道無浮海歎，義與采薇同。舊井存殷畫，衣冠尚古風。荒丘平壤外，麥秀想遺宮。

現在北韓的平壤城南含門和正陽門之間「箕田」，便是箕子井田的遺跡。箕田的發現，證明中華民族遷居半島的有力論據。

厲行社會節約——箕子除積極促進農業生產，以裕人民衣食之外，並且提倡社會節約消費，「箕田民領食以籩豆（按籩乃竹豆，是竹製禮器，此處喻作食器，以示節約之意）」。結果收效甚大。

由於箕子的輝煌政績，當春秋戰國時代，箕氏朝鮮的農工商業，已有極大的進步，而箕氏政權亦自平壤次第向南發展至平安道一帶地區。

七　周對箕氏朝鮮的承認

關於箕子是否接受周武王的封爵？如果有，是在出走之前？抑在出走之後？這個問題，史家的觀點未盡一致，惟筆者認定周武王曾授封箕子，時間是在箕子出走之後，至於箕子生前是否接受周的封爵，則是另外一事，玆據史實分兩點說明：

（一）據「史記」（宋微子世家）的記載：「其後箕子朝周過故殷墟，感宮室毀壞生禾黍，箕子傷之，欲哭則不可，欲泣爲其近婦人，乃作麥秀之詩以歌詠之。其詩曰：『麥秀漸漸兮，禾黍油油；彼狡童兮，不與我好兮！』所謂狡童者，紂也。殷民聞之，皆爲流涕。」這則記述不僅刻繪出箕子的高尚人格，且證實箕子曾懷「孤臣孽子」之心朝周的事實，因之同書有謂：「周武王十四年（西元前一一二一年），封殷遺臣箕子於朝鮮，定都於平壤，教民以禮義耕織，而不臣。」這顯然說明周曾授封箕子，並以平等國家之禮對待箕氏朝鮮。

（二）周是中國西方的一個落後而野蠻的民族，雖然在武王初期，他們所定居的岐山農業已漸發達，但在古公亶父（武王之祖父，追封周太王）由幽遷至岐山之下周原，仍過着「陰復陶穴」的原始生活。他們的文化勢必遠遜於粗具國家規模的殷工朝。周武王憑藉武力奪取的天下，在軍事勝利之後，首要工作在於安定人心，進而建設國家，他急需殷禮作爲建國的藍圖。他深知箕子是殷紂朝的大學問家，因此禮聘重返故國，主講「洪範」（按傳：洪，大；範，法也，言天地之大法），箕子推衍增益，極獲武王敬重。時在武王十六年（西元前一一一九年）。箕子講畢「洪範」，武王雖有延攬耆賢之意，無奈箕子無戀棧新朝之心。於是翌年周封箕子於朝鮮而不臣。

溯自箕子於周武王十二年（西元前一一二三年）率衆五千至遼東開創箕氏朝鮮始，至民國六十一年（西元一九七二年、韓檀紀四三〇五年）止，已有三千零九十五年歷史矣。箕子以中國人身分，遠涉朝鮮半島，希望創立一個與故國文化同一類型的國家，他的心情是悲壯的，志業是遠大的。而世界第一個承認他的，則又是當年世界最強大的中國（周），中韓關係的開端，周與箕氏朝鮮就已建立友好的邦交，這是難能可貴的，尤其以箕子來作爲開創朝鮮的先驅者，這不僅是中國人的光榮，也是大韓人民的光榮。

八　箕子對韓人影響的深遠

從韓人衣着尚白的事例，可證箕子對韓人影響的一斑，亦足資證實中國文化對大韓民族影響的深遠。

追溯韓人尚白的淵源始於殷代，據「檀弓」（第三）說：「殷人尚白（原註以建丑之月爲正。物牙尚白）。大事殮用日中（日中時亦白）。戎事乘翰（翰，白色馬也。易也：白馬翰翰）。」次據「尸子」說：「湯之救旱也，乘素車白馬，著布衣，嬰白茅，以身爲牲，禱於桑林之野。當此時也，絃歌鼓舞者禁之。」又據「淮南子齊俗訓」說：「殷人其服尚白」。由是可知殷人在大事歛、戎事，以及求神祈雨的儀式中，均以白色爲主，殷人對白色的重視爲朝野所奉行。而另外一批隨同箕子前往朝鮮半島的夫餘人（亦作扶餘），亦喜尚白衣。夫餘系出通古斯族的滿州族的一別支，爲中華民族的近親血統，他們自稱「古之亡人」（爲構成大韓民族的主幹）。韓人旣爲夫餘後裔，而夫餘人爲殷遺民而避難朝鮮半島者，其白衣之俗，當與殷人之尙白系出同源矣。

箕子是率領殷人墾殖朝鮮半島的領首，韓人尙白，自必以箕子爲蒿矢。故當李氏朝鮮英宗因五行思想，有「東方尙青」之說，乃於四十三年（淸高宗乾隆三十二年、西元一七六七年）六月，有令禁白衣之事：

「頃者，飭禁白衣之時，人或曰：『箕聖之來朝鮮也，其衣白，此我東風俗云。』予則曰：『不然，噫彼箕聖，逢聖人陳洪範，來朝鮮敎民八條，有仁賢之化。後之人不體箕聖之訓，祇慕其衣，豈不迂哉』。」

之後，李氏朝鮮雖一再令禁人民穿著白衣，但終不能改變韓人三千年之尙白習俗，由此一例證，可窺箕子影響韓人之深遠也。

九　韓人對箕子的崇敬

韓人對箕子的崇敬由來已久，至於對箕子生平事蹟的研究，從而撰述成書則始自李氏朝鮮光海君時代（按光海君爲宣祖李昖之子，名琿，於明神宗萬歷三十六年時卽位，在位十六年），平壤人編著

「箕志」五卷，彙集理學家尹斗壽、李珥等的記事文章。其後，鄭璘基等於李太王十六年（清德宗光緒五年、西元一八七九年），補充前書闕漏，廣搜經史及諸家精義，撰成「箕子志」三冊，內容計有洪範傳錄、禮典、致祭文、御製、賦、詩、辭、操歌、贊、論、說、序、記及碑文、跋等。卷首附以箕子畫像（附贊）、事蹟圖、祠墓圖、譜系圖、序文等，搜羅甚富。繼之而有徐命膺編撰「箕子外記」三卷一冊；上篇論述篇章、制度、出處等，中篇記道學，下篇刋列論說、廟享、歌詠等資料，並附以考證箕子東渡後的事蹟（參考梁容若氏的從文化上看中韓交誼），韓人對箕子事蹟的重視由此可知梗概。

箕子逝世三千年後的今日，箕子墓依然保存在平壤乙密臺之西麓，古木翁鬱，供人追思憑弔，千秋俎豆，韓人緬懷箕子朝鮮的豐功偉業，飲水思源，尊之爲「箕聖」，稱箕子墓陵爲聖地。

「柳暗荒城水滿渠，幾家巷門半邱墟。井田已廢千年後，故壘曾經百戰餘。果子更無三尺馬，盤中時有八梢魚。遺封舊墓知何在，試一停車問象胥。」（明孝宗弘治初年工科右給事中王敞出使李氏朝鮮，過箕子故城賦感）

十　國人立廟歲祭箕子

箕子不僅在大韓民族的歷史上，有其崇高地位，在中國史上他是一位「仁人」，唐代文學家柳宗元所撰的「箕子碑」，有助對箕子的研究參考，茲附錄並加說明：

「凡大人（有德者）之道有三：一曰正蒙難（以正而犯難，箕子的諫紂被囚屬之）；二曰法授聖（以法授之於聖者，箕子以洪範陳周武王屬之）；三曰化及民。殷有仁人曰箕子，實具茲道，以立於世，故孔子述六經之旨，尤殷勤焉。當紂之時，大道悖亂，天威之動不能戒，聖人之言無所用，進死以併命（指比干諫紂，觸紂怒而被殺），誠仁矣。無益吾祀，故不爲，委身以存祀（指微子諫紂不聽，去之以存殷祀），誠仁矣。與亡吾國，故不忍，具是二道有行之者也。

「是用保其明哲，與之俯仰，晦是謨範（晦、藏也，謨、謀也，範法也），辱於囚奴，昏而無邪，隤（同頹）而不息，故在易曰箕子之明夷（言以宗臣居晤地，近晤君，而能正其志），正蒙難也。及天命既改，生人以正，乃出大法（指洪範），用爲聖師，周人得以序彝倫（常倫），而立大典，故在書曰：以箕子歸作洪範，法聖授也。

「及封朝鮮，推道訓俗，惟德無陋，惟人無遠，用廣殷祀，俾夷爲華，化及民也。率是大道，藂（同叢）於厥功，天地變化，我得其正，其大人歟！

「於虖！當其周時未至，殷祀未殄（絕也），比干已死，微子已去，向使紂惡未稔而自斃，武庚（殷紂之子）念亂以圖存，國無其人，誰與興理？是故人事之或然者也。然則先生隱忍而爲此，其志於斯乎？」

當年河南汲郡（今汲縣）郡民感念箕子仁賢，爲之立廟，歲時致祀，柳宗元特撰「箕子碑」以頌之。

叁　日本民族與建國

一　周代日本恪修貢職

中國與日本，誼屬同文同種國家，不僅是兄弟之邦，且是唇齒相依，在地理上，一衣帶水（日本海）之隔，關係密切；（當中生代 Mesozoic era 時中國東部與朝鮮、日本相毗連。迨新生代 Cainozoic era 初，亞洲東北部與美洲西北部毗連之處，被海水冲斷，形成白令海峽；日本西部與亞洲東部毗連之處，亦因地殼變動，陷落而成日本海，致與大陸隔斷。）在歷史上，日本恪修貢職，淵源尤深，遠在周代，已有「倭人貢鬯草」（論衡儒增篇）及「南倭北倭屬燕」的紀錄（山海經）。惟此時日本僅是部落組織而已。

二　日本民族的由來

日本位於亞洲東北部，屹立東海。最初居住日本島上的民族，據學者研究結果，是來自亞洲西部的舊蝦夷族。遠在三千年前，當新石器時代末期，他們東經西伯利亞而至日本。從考古學家發掘的遺物中，已證實他們使用繩文式土器。初時，他們勢力很大，種族散布於日本各地。後來因爲亞洲東北部的通古斯族的遷入，由於文化較高，隨着武力的擴張，舊蝦夷族被逐回舊日根據地的日本東北部，時至今日，他們的後裔，仍然存在日本東北部的北海道。通古斯族驅走舊蝦夷族後，以大和（奈良）爲根據地，經略四方，奠立日本建國的基礎，成爲日本民族的主幹。日史稱之「原日本人」，亦即大和民族。

日本民族除上述的先住民族之外，尚有來自一海之隔的朝鮮人，及自南方渡海而至的印度支那族，以及來自菲律賓的馬來人。至於漢人渡日，大抵經由朝鮮半島而往，大都因秦漢時期的戰亂而避往三島，雖然爲時較晚，可是對日本文化的影響，以及國家的建設，均有莫大的貢獻。因此可以說，日本民族係由先住民族與後來民族，經過三千年的混合而成的一種混血種。

日本人既係來自大陸，所以在明治維新，國勢強盛，兩勝中、俄之後，爲滿足其侵略野心，以償其大陸政策之迷夢，日本國內曾有「我們昔從大陸來，今應還向大陸去」之口號，藉爲日本對外侵略的藉口。

三　日本的建國

日本的開化和建國時期，史家意見還不一致。日本人自稱他們在西元前六六〇年，由天照女神的孫子神武天皇開始建國，這就是「萬世一系」的日本天皇的「開山祖」。這個時期相當於中國周惠王十七年。但是自神武開國後的五百六十餘年間，日史僅有綏靖、安寧、懿德、孝昭、孝安、孝靈、孝元、開化八代天皇的生卒年月以及立后、立嗣、遷都的記載，對神武東征之後，歷八代天皇的國家大事，竟付闕如，而藉無稽神話聊以點綴。且各代天皇的壽命，竟多至二百餘歲，在位時間，有逾百年之久。中國史書雖有「倭（中國史上在唐代之前，對日本統稱爲倭）多壽考，至百餘歲者甚衆」（後漢書），然揆之事實，人類壽命，絕不會有如此之高齡。證之西元六百年，日本推古天皇與隋文帝開始中日兩國國交的年表紀錄（木古泰彥著中日交通史），瞭然日本天皇的在位，平均不足二十年。前後歷史，有天淵之別。故神武開國年代，難以置信。因之近世學者咸認日本開國年代，應減短六百年，方爲合理。

西元前九十七年，崇神卽位，奉神器於大和。四方征伐，大和族之勢力，隨之擴張。崇神復致力農業生產，發展交通，以利民生，日史稱爲「御肇國天皇」。此時，在漢武帝征滅朝鮮之後，中國史書，對日本的記載謂：「東夷天性柔順，異於三方之外。故孔子悼道不行，設桴於海，欲居九夷，有以夫也。樂浪海中有倭人，分爲百餘國，以歲時來獻見云。」（漢書地理志）。

崇神在位時，國內尚未統一，本州以東之蝦夷族，其勢甚盛，而九州以北之豪族，亦大部獨立。全國各地，各以血統關係結合成政治單位，其首領稱「氏上」。這些由血親所結合的團體，初時零星散布在日本各地，不相統率，所以「漢書地理志」有謂「分百餘國」。可知崇神所建的大和，不過是百餘部落中的一個而已。

至於當時日本的風土民情，中國史書亦有記載：「土宜禾稻、麻紵、蠶桑，知織爲縑布。氣溫腝冬夏生菜茹。」（後漢書東夷傳）。「今倭水人好沉沒，捕魚蛤、種禾稻、紵麻、蠶桑緝績、出細紵緜綿。倭地溫暖，冬夏食生菜。」（魏志倭人傳）。對日本人民的生活狀況亦有記述：「其兵有矛楯、木弓、竹矢、或以骨爲鏃。男子皆黥面文身，以其文左右大小，別尊卑之差。其男衣皆橫幅，結束相連，女子被髮屈紒，衣如單被，貫頭而著之，並丹朱坌身，如中國之用粉也。有城柵屋室，父母兄弟異處，唯會同。男女無別，飲食以手，而用籩豆。俗皆徒跣，以蹲踞爲恭敬。」（後漢書東夷傳）。

垂仁即位，步乃父崇神後塵，用心國政，民亦殷富。傳子景行，先後征服西北的蝦夷和稱雄九州的熊襲，國土日廣。

西元二世紀中，成務在位，以武內宿彌爲大臣，掌理中樞政務。制定國、縣、村邑的政府制度，中央權力逐漸擴張。「日本書紀」說：「隔山河以分國縣，隨阡陌以定邑里，國郡立造長，縣邑設稻置（官職）。」於是日本始粗具國家的規模。

肆　春秋時代齊國與箕氏朝鮮的貿易

一　齊的建國

西周一朝，四夷（東夷、西戎、南蠻、北狄）始終爲其大患。犬戎卽西戎（或稱畎夷、昆夷），據隴西至崑崙山一帶的部落民族，是西周西方的勁敵。周厲王時，犬戎入侵。周宣王元年（西元前八二七年），宣王命秦仲征犬戎，周師大敗，後雖爲秦仲之子擊敗，但犬戎的兇悍猖獗，已震驚周室。宣王晚年，戎禍益熾，五敗王師。宣王崩，子宮涅立，是爲幽王，暴虐無道，歛財好貨，排斥正人，寵愛褒姒（豔妃）。荒淫無度，天災遞起。暴雨傾盆，百川沸騰，山崩地震，王畿及涇、渭、洛三水流域與岐山均受震災。幽王不知自省，又廢申后，立褒姒；廢太子宜臼（申后所生），立伯服（褒姒所生），欲殺宜臼，宜臼懼，逃奔申國（河南南陽）求救於申侯（申后父）。幽王向申侯索子，申侯不與，幽王怒而伐申，申侯聯合犬戎進攻周室。周人在天災與窳政的困境下，已無抵禦能力，幽王雖舉烽火召勤王兵，終無一兵來援（幽王曾舉烽火娛褒姒，失信於勤王兵），犬戎長驅直入，攻陷鎬京，追殺幽王於驪山（陝西臨潼東）下，擄褒姒，大掠而去。西周自周武王克殷，傳至幽王，共十一世，十二主，三百五十三年結束。

鎬京陷落，諸侯擁立宜臼，是爲平王。時鎬京殘破，犬戎隨時可犯，而東都洛邑（河南洛陽）完整，且有晉、鄭、虢諸國作為屏障，因此，平王於元年（西元前七七〇年）遷都洛邑，史家以洛邑在鎬京之東，稱爲東周。

周平王繼位，遷都洛邑，以迄周赧王五十九年（西元前二五六年）周亡，東周共歷五百一十四年，包括春秋與戰國。

春秋時代（東周列國前期）起自周平王四十九年（魯隱公元年、西元前七二二年，春秋編年史始此）至周敬王三十九年（西元前四八一年）共二百四十一年，周室式微，號令不行，諸侯互相兼併，齊、晉、秦、楚諸國相繼強大，遞起稱覇，周室政權操於覇主之手，史家稱之爲「春秋覇政時代」。齊是春秋時代十四個最大的諸侯之一。

周室文王（昌）之奠立王業，武王（發）之一統中原，史家認係得力於文王父子「禮賢下士」，挺攬人才所致。其中以呂尙（本姓姜，其先祖封於呂）對周室創業擘劃最多，立功最大。呂尙多「權謀奇計」，年七十，釣於渭濱，應文王禮聘而誓心輔助，周人的作戰計劃，悉出諸其手，每戰輒勝，號稱「太公望」（隱射足智多謀）。

成王誦卽位，周公旦輔政，將蒲姑封給呂尙之子伋，建爲齊國，都於營邱（今山東昌樂），累徙至臨淄（今山東臨淄）。至齊桓公時任用管仲改革政治，厲行法治，獎勵生產，調節分配，復能尊重民意，遂使國富兵強，稱雄諸侯。尊周室，攘夷狄。誠如孔子所謂：「桓公覇齊，不以兵事，管仲之力也，如其仁，如其仁！」

二 箕氏朝鮮手工藝品輸齊

齊國地居山東半島，由海路經黃海直抵朝鮮半島的西岸登陸，海上交通頗爲方便。此時箕氏朝鮮製造的手工藝品「文皮」（據管子輕重十一資料所示，文皮爲一種虎豹的皮，上有美麗的斑紋，再經人工精製，極爲珍貴），大量輸入齊國，深受齊人的珍愛。

伍　戰國時代燕國與箕氏朝鮮的關係

一　燕的建國

戰國時代（東周列國後期）起自周敬王四十年（西元前四八〇年）至秦王政二十六年（西元前二二一年）統一中國，共二百五十九年。春秋時代初期，王權雖然衰落，但霸主尚勉力代替周室維持封建秩序，團結諸侯尊王攘夷，諸侯國中發生篡弒，霸主則號召諸侯起兵平亂，另立新君。但自周威烈王二十三年（西元前四〇三年）晉國（霸主國）大夫韓、趙、魏三家分晉，周天子不但無力平亂，且列韓虔、趙籍、魏斯爲諸侯，此舉無異於鼓勵弒君奪國，於是春秋霸政的精神與封建社會的政治秩序爲之破壞。此後，中原諸侯失去領導中心，各自圖強，兼併風氣復起，列國陷於混戰的局面，戰爭的規模較春秋時代爲大，戰況亦更慘烈。因之稱爲「戰國時代」。

東周列國形勢經春秋時代二百四十一年的競逐，結果弱小國家或被大國兼併，或淪爲大國藩屬。大國勢力益張，演變爲燕、趙、韓、魏、齊、楚、秦七國的爭霸；史稱「戰國七雄」。

春秋時代，除楚、吳、越諸侯稱王外，周天子仍爲天下共主；戰國時代，周天子地位沒落，無足輕重，各諸侯國相繼僭號，名義上亦不以周天子的臣屬自居矣。

周封召公奭（姬姓）於燕山之野，故取名燕國。在春秋時代，燕尚無稽稽名，至戰國時代末期，勢力始趨強大，併薊而居。燕昭王時，建都於薊（今北平），弔死問孤，優禮賢士，以樂毅爲將，征伐齊國，收七十餘城，聲威大震，奄有今河北、遼寧二省之地，繼而伸展其勢力至朝鮮半島北部。

二 箕氏朝鮮以燕爲宗主國

戰國時代，周室勢衰，箕氏朝鮮仍以周爲宗主國，但時遭燕國的侵凌。周赧王三十二年（燕昭王二十九年、西元前二八三年），燕將秦開襲取朝鮮北部，袤延二千里之地，置吏立堡守之，因是燕國與箕氏朝鮮形成對峙之勢。之後，燕國勢日盛，箕氏朝鮮式微，乃以燕爲宗主，燕置遼東郡，自此陸海交通日趨方便。蓋遼東與朝鮮半島一衣帶水，隔鴨綠江相望，上游江身較狹，鷄犬相聞，渡伐往來，極爲稱便。

三 燕對箕氏朝鮮的貿易

燕國設置遼東郡之後，燕與箕氏朝鮮的貿易日益頻繁。燕國貨幣——「明刀」錢，也大量流入朝鮮半島，深受歡迎與使用。這是中國貨幣最早遠征朝鮮的紀錄。考古學家曾在朝鮮半島北部（今北韓地區），發現不少「明刀」錢，而在河北相近的遼東、熱河，也有大量的發現，根據所掘「明刀」錢所分布的地區；自河間、易縣（屬燕國之地，近河北省境），經北平、遼陽、大石橋、寧邊（鴨綠江以南的平北道）、漢城、務安、下關、三原，而至日本的大阪，可獲知戰國時代末期燕人與箕氏朝鮮及日本的貿易路線的大概。

燕人以鐵製的農具與工業用具，輸往箕氏朝鮮，使半島人民在農業的生產技術上，獲得不少的改進。

陸　秦的統一與箕氏朝鮮的服屬及徐福的東渡日本

一　秦的建國與統一中國

秦祖伯益爲顓頊後裔女脩之孫。舜時伯益佐禹治水有功，賜姓嬴氏。五世孫仲衍事商王太戊。七世孫蜚廉與子惡來有寵於紂。惡來五世孫非子事周孝王牧馬有功，食邑於秦，爲周的附庸。周幽王時玁狁（匈奴）攻陷周都鎬京（陝西西安西南），追殺幽王於驪山，秦襄公奮力擊退玁狁，周室轉危爲安，因獎其功，列爲諸侯，建國爲秦，都於汧（陝西隴縣），累徙至雍（陝西鳳翔）。迄秦穆公時獨霸西戎，斥地漸廣。十六傳至孝公，用商鞅變法，廢井田，開阡陌，變法令，修軍備，遷都咸陽（陝西咸陽），國勢轉盛。

秦惠王（孝公子，僭王號）用衛人張儀，東略魏地，南收巴蜀，開秦富饒。又以兵力脅制諸侯，破縱爲橫，諸侯始困，秦遂一躍而爲戰國時代的主動國家。昭襄王時用范雎爲相，倡「遠交近攻」政策，屢破諸侯。周赧王五十九年（西元前二五六年），遂滅東周。

昭襄王之子政於西元前二四六年卽位，是爲秦王。十七年（西元前二三〇年）滅韓；十九年（西元前二二八年）滅趙；二十年（西元前二二七年），燕太子丹使荆軻行刺秦王不果，燕王燕喜殺丹求和；二十二年（西元前二二五年）滅魏；二十四年（西元前二二三年）滅楚；二十五年（西元前二二二年）滅燕；二十六年（西元前二二一年）滅齊，統一中國。由於春秋與戰國時代的列國兼併，封建制度破壞無餘，然大國攘外開邊由是而始，中華民族從而滋大。

秦王嬴政統一全國，將天下分爲三十六郡（後增至四十一郡），又以功德兼三皇五帝，自稱始皇帝。如依郭廷以氏喻以夏商王朝爲諸侯的盟主，兩周爲一聯合帝國，是則嬴秦應爲國史上名實相符的集權大帝國。

二　箕氏朝鮮臣屬於秦

有史以來，匈奴即爲中國的大患。按匈奴即古葷粥，夏亡，桀子淳維率桀衆妾奔之，其族遂盛。殷末稱鬼方。周太王（古公亶父）因不堪鬼方侵逼，自原居地豳，率衆遷至岐山之周原以避其鋒。戰國時代，燕（據河北地）、趙（據山西地）、魏（據山西地）、秦（據陝西地）四國，接攘匈奴，亦時遭侵擾。趙國名將李牧使用「斂兵堅守」之策，以禦之。

秦始皇統一中國後，匈奴將河套（河南省境）一帶土地奪回（按爲前趙武靈王取自匈奴者）。始皇三十二年（西元前二一五年），秦都遍傳「亡秦者胡」的歌謠，始皇爲防範匈奴，乃於翌年遣大將軍蒙恬將燕、趙兩國北界的長城，與秦舊有的西北邊城，大加整修，依傍山谿之險，將它連貫起來，西起臨洮（今甘肅岷縣境），東迄遼東郡的碣石（韓新義州境），沿黃河、陰山爲界，袤延萬餘里，成爲一道「萬里長城」。

由於長城的修築，箕氏朝鮮被劃爲遼東外徼。當時大同江流域附近，有自稱箕子四十餘世孫的箕否者，畏秦而服屬之。惟箕否是否爲箕子之嫡傳，已無從考據，蓋自箕子開拓朝鮮後之數百年間，朝鮮舊史對箕氏子孫動態闕漏不全故也。然箕否之爲箕氏朝鮮政權之繼承人，則殆無疑問。

三　秦末燕趙齊人避難朝鮮半島南部

秦末，天下大亂，秦二世胡亥元年（西元前二〇九年），陳勝等起兵叛秦，烽火四起。燕、趙、齊諸地人民（所謂古之亡人）大批前往朝鮮半島南部避難，數以萬計。他們對半島南部的開發，提供寶貴的經驗與勞力，使南朝鮮的土著生活有顯著的改善。

四　秦「半兩」錢流通朝鮮半島

戰國時代，各國的貨幣形態互異，例如周和秦用圓形錢；三晉用鏟形錢（按民國成立以後，輔幣上所印的文貝錢，即爲戰國的三晉錢）；齊國用刀形錢。至秦統一中國，一律鑄造圓形錢，並襲用當時「天圓地方」的天文觀念，製成圓錢方孔，錢文稱「半兩」（參考勞幹氏著秦漢史）。

秦「半兩」錢在朝鮮半島北部的若干地方普遍流通。當民國二年（西元前一九一三年）並在平壤與大同江對岸的土城發現。

五　秦時徐福的東渡日本

（一）神仙之說

神仙學說，出自道家的崇尚「自然」，而由「無爲」的立說所產生的。對人生的見解是「尊天而保眞」，於是「賤物而貴身」，所謂「身」者，則僅指「精神」，結果形成出世思想。據莊子「逍遙篇」說：「藐姑射之山，有神人居焉，肌膚若冰雪，淖約若處子，不食五穀，吸風飲露，乘雲氣，御飛龍，而游乎四海之外。」，摒棄人間穀物，而吸風飲露，這是神仙的行徑，當非人類所能爲。於是道家的寓言，爲方士所利用，製造出一種神仙方士的學說，用來安慰心靈的工具。當時燕齊兩國，均在渤海之濱，由於「海市蜃樓」的奇觀，以及對外交通的發達，於是海上三神仙的傳說，便不脛而走；在蓬萊、方丈、瀛洲三座仙山中，遍生奇花異草，而最珍貴者，則是長生不老的仙藥，故「史記封禪書」說：「自威（齊威王）宣（齊宣王）燕昭（燕昭王）使人入海求蓬萊、方丈、瀛洲。此三神山者，其傳在渤海中，去人不遠，患且至，則船風引而去。蓋嘗有至者，諸僊人及不死之藥在焉。」可知在戰國時期，神仙方士之說已大盛，由於人君的提倡，民間的盛行，不難想見。

（二）徐福的東渡日本

當西元前二二一年，秦始皇統一六國，雄心萬丈，爲永享千秋萬世之業，對長生不死之說尤富興趣。故始皇在巡狩天下，對山東沿海的琅琊臺，情有獨鍾。蓋沿海之地，交通方便，海上智識亦較豐富，海上神仙的傳說，更能描繪入勝。秦始皇的數次幸臨琅琊臺，目的在和燕齊方士接近，以求長生不死之術。所以齊人徐市（卽徐福，市爲古黻字）爲迎合秦始皇之意，致有齋戒具禮，爲始皇祈福之舉。於是秦始皇就派他率領數千童男童女和射手百工等，同航入海，求取神仙和仙藥（史記）。「後漢書東夷傳」亦有記載：「秦始皇初幷天下，甘心於神僊之道，遣徐福、韓終之屬，多齎童男女入海，求神採藥。」這時是日本孝靈天皇時代。可是徐福載船入海後，「求蓬萊神仙不得，徐福畏誅，不敢還，遂止此洲。」（後漢書東夷傳）。

惟據「史記秦始皇本紀」說，徐福曾於秦始皇三十七年（西元前二一〇年）一度回來，再行出海：「徐市等入海求神藥，數歲不得，費多恐譴，乃詐曰：『蓬萊藥可得，然常爲大鮫所苦，故不得至。』願請善射與俱，見則以連弩射之。」徐福既求神藥不得，却發現平源廣澤，遂一度返國，考其目的不外徵求移民，尤以擅長武藝者爲對象，以便墾殖「平原廣澤」，於是「止王不來」（史記）。此與箕子率領殷民就封朝鮮，及燕人衞滿率族人前往朝鮮開國，實開我國古代對外殖民的先聲。

據近人的考證，海上三神仙之一的蓬萊，就是日本列島；方丈就是濟州島；瀛洲就是琉球島。而徐福入海所到的地方，也就是日本。

（三）徐福東渡日本的事蹟

徐福東渡日本的事蹟，日史亦多有記述，如日人新井君美的「同文通考」說：「今熊野附近有地曰秦住，土人相傳爲徐福居住之舊地。由此七八里，有徐福祠，其間古蹟參差，相傳爲其家臣之塚」。又據日本和歌山縣「史蹟名誌」載：「秦徐福墓，在新宮町，墓前有石碑上刻秦徐福之墓五字。」現在日本尙存有徐福墓祠。其他諸如日本學者所著的「徐福碑」、「風土紀」、「孝靈通鑑」等，均對徐福東渡，記載甚詳。如此說來，徐福的東渡，不僅見諸於中國史乘。

依據年代的推測，崇神奉神器於大和，從事建國，計在徐福東渡日土百年之後。日本傳國之寶的「劍」、「鏡」、「璽」均仿秦制所製。對天皇稱「尊」，臣子稱「大夫」，「將軍」則係周秦的國語。而日本自稱神國，立教首重敬神，國家大事以祭祀爲先。凡人禳災則誦禊詞，此又爲方士之術。凡此種種，均可認爲秦人的東渡，已無疑問，秦人對於日本開國初期文化的貢獻殆爲事實。至衞挺生氏在其「日本神武開國新考」謂：「神武天皇卽秦始皇所遣入海求仙徐福」，意指神武係日人追念徐福之詞。這雖然也可以說是近乎推測和假設的性質，但是事出有因，深可玩味矣。

從以上的敍述，除了仙人和長生不死之藥，跡近神話外，至少可說明，自戰國時代至秦，山東沿海，尤其琅琊一帶的對外交通，遠在二千一百九十餘年前，中國人的足跡，已到達現今日本地方，而隨同徐福偕往的數千童男女的居留日本，自然構成日本民族的一部分；亦無疑問。

柒　「前三韓」——朝鮮半島南部的政權

一　三韓國家與箕氏政權並立於朝鮮半島南北二部

「前三韓」是指朝鮮半島南部的馬韓、辰韓及弁韓而言。據「後漢書東夷傳」說：「韓有三種：一曰馬韓，二曰辰韓，三曰弁韓。馬韓在西，有五十四國，其北與樂浪（按樂浪郡乃漢武帝滅朝鮮所置，卽今韓國之平安、黃海、京畿諸道及忠淸道之北境），南與倭（指日本）接；辰韓在東，十有二國，其北與濊貊接；弁韓在辰韓之南，亦有十二國，其南與倭接，凡七十八國。」三韓國家與箕氏政權並立於鮮朝半島的南北二部，各自爲政。

「韓」的涵義，與「漢」、「檀」二字相若，是「大」的意思。自馬韓優容「秦之亡人」，而劃東界地與之起，三韓人民與中國文化的融合，已有二千餘年歷史矣。

二　朝鮮半島的土著民族——馬韓

馬韓是三韓中最大的國家，位於朝鮮半島的西南部，爲今京畿道的南部，及忠淸、全羅的南北道。馬韓的土著生活，據「朝鮮史略」說：

「知蠶桑，作棉布，性勇悍。居處作土屋，其戶向上，統國五十四。」

「後漢書東夷傳」亦有類似的記述：

「馬韓人知田蠶，作棉布，出大栗如梨，有長尾鷄，尾長五尺。邑落雜居，亦無城郭，作土室，形如冢，開戶在上。不知跪拜，無長幼男女之別。不貴金寶錦罽，不知騎乘牛馬，唯重瓔珠，以綴衣爲飾，及懸頸垂耳。大率皆科頭露紒，布袍草履。其人壯勇，少年有築室作力者，輒以繩貫脊皮，縋以大木，嚾呼爲健。常以五月田竟，祭鬼神，晝夜酒會，羣民歌舞，舞輒數十人，相隨蹋地爲節。十月，農功畢，亦復如之。諸國邑各以一人主祭天神，號爲天君。又立蘇塗，建大木，以懸鈴鼓，事鬼神。其南界近倭，亦有文身者。」

「後漢書東夷傳」又說，三韓之中以「馬韓最大，共立其神爲辰王，都月支國，盡王三韓之地。其諸國王，先皆是馬韓種人焉。」可知三韓民族凡七十八國，均爲韓人所統治。當西元前一八年（漢成帝鴻嘉三年），馬韓人在漢江流域的慰禮城創立百濟國。

三　秦之亡人經略辰韓

辰韓——一作秦韓，位在朝鮮半島的東南部，爲今慶尚南北道之東北部，爲十二國。當秦之際，燕、趙、齊各地居民因避虐政、苦役，乃泛海東渡朝鮮半島南部，藉求海外棲身之所，馬韓割其東界地與之，因而建國。據「東漢書東夷傳」記載辰韓的風土民情說：

「辰韓耆老自言：秦之亡人避苦役，適韓國，馬韓割東界與之。其名『江』爲『邦』（按邦係漢高祖劉邦諱，如非秦人應避邦之），『弓』爲『弧』，『賊』爲『寇』，『行酒』爲『行觴』，相呼爲『徒』，有似秦語，故或名之爲秦。有城柵屋室，諸小別邑各有渠帥，大者名臣智，次有儉則，次有樊秖，次有殺奚，次有邑借。土地肥美，宜五穀，知桑蠶，作縑布，乘駕牛馬，嫁娶有禮，行者讓路。國出鐵，濊、倭、馬韓並從市之。凡諸貿易皆以鐵爲貨。俗喜歌舞，飲酒鼓瑟。兒生欲令其頭扁，皆押之以石。」

「朝鮮史略」亦有類似記述：

「秦之亡人避入韓，韓割東界以與之，常用馬韓人作主，地宜五穀，俗饒蠶桑，善作棉布，駕牛乘馬。男女有別，行者讓路，統國十二。」

由上述的記載，足見辰韓的開化程度遠勝馬韓，惟辰韓之土地得自馬韓的贈予，故受馬韓的統治，誠如日本史學家林泰輔謂：「辰韓由海外移住於韓地，而賴其保護者，不得自主爲王，爲王者，皆馬韓人云。」他又以辰韓與馬韓的生活作比較，證明辰韓之進步歸因於秦人之力，他說：「辰韓言語，雜以秦語不尠，是因其移往住民佔多數之故，可見其進步之非偶然也。」可證辰韓的開發出諸秦人之手。當西元前五十七年（漢宣帝五鳳元年），辰韓在半島的中南部慶尚北道金城（今慶州），建立新羅國，成爲朝鮮半島上的強大國家。

四　齊東亡人建立弁韓

三韓中以弁韓最小，地在辰韓西南，約當今慶尚南北二道的西南部，自古卽與辰韓雜居，所以又稱「弁辰」。據「後漢書東夷傳」記述弁韓的民俗說：

「弁辰與辰韓雜居，城郭衣服皆同，言語風俗有異。其人形皆長大、美髮、衣服淸潔，而刑法嚴峻。其國近倭，故頗有文身者。」

林泰輔氏亦謂：「弁韓與辰韓雜居，一切之事，與辰韓相類似。」至弁韓與辰韓言語風俗有異，則因弁韓的王幹是齊人，辰韓的主幹是秦人之故，黃維業氏說：「韓辰係齊東亡人所建」（朝鮮的開化」，意卽指此。

綜上所述，可知弁韓與辰韓，均是中國人所建的國家，不過弁韓則是辰韓的附庸政權。直至西元四〇年（漢光武建武十六年）前後，弁韓分爲「加羅」、「任那」二小國，在漢江以南，半島的南極自成一區，和日本的往來最密。

捌　衞氏朝鮮興起與箕氏朝鮮的滅亡

一　秦漢嬗遞華人避居箕氏朝鮮

秦自商鞅以來，向以嚴刑峻法爲治，始皇更是專任刑獄，而徭役繁興，人民不堪負荷；築路、開河、巡行之外，新築阿房宮、陵墓，徵用七十餘萬人，自備食糧。木材多來自蜀、楚，採伐運輸，徵用民工不知凡幾。

北伐匈奴，南征百越，修建長城，徙民戍邊，自不可盡非。然塞北酷寒蕪曠，邊軍三十萬軍需全賴內地運輸。被徵築長城的民工死者逾半。被迫遷徙邊地的民戶二十餘萬家，無異流放。嶺南暑溼煙瘴，戍卒五十萬衆亦須內地轉餉。秦時力役，三十倍於古，賦稅斂括人民歲入的大半，苛政擾民，海內愁怨。

秦始皇三十七年（西元前二一〇年），始皇率丞相李斯、少子胡亥等東巡，由雲夢經丹陽，至錢塘，上會稽，再浮海北上至琅邪、芝罘，並海而西抵平原患病。始皇欲長生，羣臣不敢言死事。及至沙丘平臺（河北平鄉東）病益劇，自知不起，遺命令長子扶蘇繼立，將璽書交付宦官趙高，旋逝。時扶蘇遠適上郡（陝西綏德），蓋始皇三十六年坑儒事件發生，始皇不滿扶蘇之諫，因使大將蒙恬監之於上郡。趙高因與蒙恬有隙，乃遊說李斯矯詔賜扶蘇、蒙恬死，立胡亥爲二世皇帝。

胡亥即位，窮極奢侈，續築阿房宮，盡天下材土，又徵材士十五萬人屯居咸陽，令教犬馬禽獸，而宮廷食者日衆，調度不足，令由各郡縣供應，天下騷然。

秦二世胡亥因趙高有擁立功，以之爲丞相，趙高肆行誅戮，殺蒙恬兄弟、李斯及諸公子，賞罰不當，賦斂益苛，六國遺民伺機反叛。二世元年（西元前二〇九年）七月，陳勝（字涉，陽城人，任屯長）謫戍漁陽，天雨失期，法當斬，因與吳廣所領戍卒九百人反於蘄（安徽宿縣），陳勝自立爲楚王（蘄爲楚舊地，故以楚爲國號），分路進兵略地，爲秦將章邯所破，陳勝敗死。時天下鼎沸，山東少年因苦於秦吏，繼之揭竿而起。之後，項羽與叔項梁於會稽起義，領兵八千渡江而北，至下邳（江蘇邳縣），聚衆七萬，聲勢甚盛。擁楚懷王之孫心爲王，仍號楚懷王。劉邦起於沛（江蘇沛縣），後歸附項梁。而齊、趙、魏、韓、燕等國亦一一復活，接踵抗秦，儼如秦統一前戰國時代末期的重現。

中原大亂，燕、趙、齊諸地人民，大量渡海前往朝鮮半島避難，數以萬計。此時箕否已死，箕否子準在位，對來避難的中土人民，予以收容安置。

秦將章邯連破魏、齊、楚軍，項梁戰死，遂圍趙王於鉅鹿（河北平鄉）。趙王遣使向諸侯求援，楚懷王命項羽領兵往援。秦二世三年（西元前二〇七年），項羽九戰章邯九勝，鉅鹿圍解。項羽遂爲諸侯上將軍。時劉邦奉楚懷王命，自武關（陝西商縣東）西攻關中，秦精兵在趙，關中空虛，劉邦得韓人張良之助，經南陽入嶢關。趙高懼爲二世責，弒二世，立二世姪子嬰。翌年，劉邦軍至覇上，秦將無有拒者，子嬰在位四十六日殺趙高，素甲白馬奉天子璽請降於劉邦。秦自嬴政稱帝以迄子嬰降漢凡四十年，歷二帝一王，惟統一中國僅十五年。秦亡後四年，劉邦削平項羽，統一中國，建立漢朝，是爲漢高祖。四傳至武帝，以其雄才大略，於是北伐匈奴，西通西域，西南開闢西南夷，南平百越，東征朝鮮，漢室聲威，爲之大震，中國人以漢族見稱於世界者，卽在此時。漢武帝的外揚國威，內興文治，於是奠定中國的疆域和政教的規模，在亞洲建立一大帝國。

二　箕氏朝鮮的滅亡

漢高祖劉邦五年（西元前二〇二年），封盧綰爲燕王，綰在鴨綠江邊修遼東故塞，與箕氏朝鮮以浿水（鴨綠江）爲界，盧綰則據有浿水以西之地。

漢高祖七年（西元前二〇〇年），燕王盧綰叛漢，高祖遣樊噲征伐，盧綰降順匈奴。

漢高祖十二年（西元前一九五年），有燕人衞滿，「聚黨千餘人，魋結蠻夷服而東走出塞，渡浿水」（史記朝鮮列傳），亡命入朝鮮半島，請永居西界（按爲秦故地上下鄣），而爲箕氏朝鮮的屏藩。箕準頗信用之，令守西鄙。然衞滿明招黨類，暗張勢力，蓄志顚覆箕氏政權，旋於漢惠帝元年（西元前一九四年）乘箕氏朝鮮不備，大舉突襲。箕準與戰不能勝，親率餘衆數千人南奔，轉攻馬韓（位在半島南端的全羅南北道）破之，乃在金馬郡（今全羅北道益山郡）自立爲韓王。箕氏朝鮮自箕子開國始（西元前一一二三年）至箕準棄地南走，共九百二十九年的太平盛世，至此結束。

三　衞氏朝鮮的興起與半島南北政權的對峙

衞滿既逐箕準，遂代之爲王，都平儉（今平壤），控制朝鮮半島北部。經常出沒鴨綠江西岸，竄擾安東地方。而箕準自立爲韓王後，國勢逐漸轉強，常制辰韓，其政治上之勢力，三韓中無有及之者。於是朝鮮半島出現以箕準與衞滿爲首的南北兩政權。

惟自箕準之後，「馬韓人復自立爲辰王」（後漢書），直至魏晉時代，韓人「猶有奉其（按指箕準）祭祀者」（魏志），箕準影響韓人之深可以想見，故追思箕準久而不衰也。

玖　漢武帝征服衛氏朝鮮與日本的來朝

一　漢對衛滿的安撫

漢初，天下甫定，惠帝劉盈不願對衛氏多加過問，衛滿乃利用時機，招聚「燕丹散亂遼東間」民，擴大勢力，並侵佔鴨綠江西岸諸地。及惠帝去世，呂后聽政，諸呂亂起，漢祚幾絕，衛滿又乘機竄擾安東。

遼東太守爲安撫衛滿，請旨奉准以其爲漢廷外臣，責以履行「保塞外蠻夷，無使寇邊」及「諸蠻夷君長欲入見天子，勿得禁止」條件。實則衛滿本無臣服之意，不過欲藉此藩屬關係，以減少漢室的阻撓，進而償其積極侵併四鄰弱小部族的企圖，誠如「前漢書朝鮮列傳」所謂：「以故滿得以兵威財物，侵降其旁小邑；眞番、臨屯皆來服屬，方數千里。」繼而，朝鮮半島東部的貊（今江原道春川郡）、濊（今江原道江陵郡）二族之地，亦爲衛滿所佔有。

惟衛滿自與漢訂立協約後之八十年間，漢與衛氏朝鮮邊界，尙能相安無事。

二　衛右渠叛漢武帝遣師征服

漢景帝子武帝劉徹雄才大略，繼承文景治世，在位五十四年，外拓疆土，內興文治，奠定中國的疆域和政教規模，國威澎漲，震鑠今古。

此時，衞氏朝鮮由衞滿之孫右渠執政，國勢日強，不獨中止朝漢，並誘致漢之亡命者同謀叛漢，更而阻撓眞番（興京之南）、辰國向漢通貢，眞番等國雖「欲上書見天子，又雍閼弗通。」（前漢書朝鮮列傳）。

漢武帝元朔元年（西元前一二八年），東夷濊君南閭等背離右渠，率衆二十八萬服屬遼東，漢武帝遣彭吳至濊地，置滄海郡（今江原道）。（元朔三年，公孫弘以蒼海郡僻遠難治，請廢置，武帝從之。）

漢武帝是位雄才大略，有勃勃雄心的人，他對衞右渠招亡納叛，阻雍通貢，深爲不滿，故於元封一年（西元前一〇九年）遣涉何前往衞氏朝鮮都城王險曉諭右渠，右渠不願服屬漢室，致交涉失敗。惟涉何深懼未達成使命受責，乘衞氏朝鮮官員護送至濊水（大同江）時，心生一計，命車伕將護送官員擊斃，而謊報擊斬衞氏大將一員，武帝信以爲眞，授涉何以遼東東部都尉之職。未幾，衞右渠獲知涉何擊殺其吏屬事，復遣人襲殺涉何，以資報復（國史有以衞右渠不願服屬漢室，而斬來使，顯有出入。）

漢武帝據報衞氏朝鮮擅殺涉何，大怒，同年秋下令征伐，遣樓船將軍楊樸率水師五萬出渤海，左將軍荀彘率陸軍出遼東，兩路夾擊。

此役經過，「史記朝鮮列傳」有詳細的記述，擇錄如下：

「其秋，遣樓船將軍楊樸從齊浮渤海，兵五萬人；左將軍荀彘出遼東討右渠，右渠發兵拒險。左將軍卒正多率遼東兵，先縱，敗散，多還走；坐法斬。樓船將軍將齊兵七千人，先至王險（今平壤大同江南岸）。右渠城守，窺知樓船軍少，卽出城擊樓船。樓船軍敗，散走。樓船將軍楊樸失其衆，遁山中十餘日；稍事收散卒，復聚左將軍擊朝鮮浿水西軍，未能破。

自前天子爲兩將未有利，乃使衞山因兵威往諭右渠。右渠見使者，頓首謝：『願降；恐兩將詐殺臣。今見信節，請服降。』遣太子入謝，獻馬五千匹及饋軍糧。人衆萬餘，持兵，方渡浿水，使者及左將軍疑其變，謂太子：『已降服，宜命人毋持兵。』太子亦疑使者、左將軍詐殺之，遂不渡浿水復引歸。山還報天子，天子誅山。

左將軍破浿水上軍，乃前至城下，圍其西北；樓船亦往會，居城南。右渠遂堅守城，數月未能下。

左將軍素侍中，幸；將燕代卒，悍；乘勝，軍多驕。樓船將齊卒，入海，固已多敗亡，其先與右渠戰，困辱亡卒；卒皆恐，將心慙。其圍右渠，常持和節。左將軍急擊之。朝鮮大臣乃陰間使人私約降樓船，往來言尙未肯決。左將軍數與樓船期戰，樓船欲急就其約，不會。以故兩將不相能。左將軍心意樓船前有失軍罪，今與朝鮮私善，而又不降，疑其有反計，未敢發。

天子曰：『將卒不能前，及使衞山諭降右渠，右渠遣太子，山使不能專決，與左將軍計相誤，卒沮約。今兩將圍城又乖異，以故久不決。』使濟南太守公孫遂往征之；有便宜得以從事。遂至，左將軍曰：『朝鮮當下者久矣，不下者，有狀。』言樓船數期不會，且以素所意告。遂曰：『今如此不取，恐爲大害。非獨樓船，又且與朝鮮共滅吾軍。』遂亦以爲然。而以節召樓船將軍入左將軍營計事，即命左將軍麾下執捕樓船將軍，以報天子，天子遂誅。

左將軍已併兩軍，即急擊朝鮮。朝鮮相路人、相韓陰尼谿、相參、將軍王唊，相與謀曰：『始欲降樓船，樓船今執，獨左將軍並將，戰益急；恐不能與戰，王又不肯降。』陰、唊、路人皆亡降漢；路人道死。元封三年夏，尼谿、相參乃使人殺朝鮮王右渠來降。

王險城未下，故右渠之大臣成已，又反復攻吏。左將軍使右渠子長，降相路人之子最告諭其民誅成已。以故遂定朝鮮爲四郡。封參爲澅清侯、陰爲荻且侯、唊爲平州侯、長爲幾侯，最以父死頗有功，爲溫陽侯。

左將軍徵至，坐爭功相嫉，乖計，棄市。樓船將軍亦坐兵至列口當待左將軍，擅先縱，失亡多，當誅，贖爲庶人。」

三　漢設四郡統治衛氏朝鮮舊壤

衛氏朝鮮因內奸叛國而亡，自是衛氏政權自衛滿開國歷八十六年而告結束。漢武帝劃其地爲樂浪（今平安、黃海、京畿等道）、臨屯（今江原道、江陵、春川一帶，爲濊貊二族所居地，江陵亦名濊國，貊族居春川）、玄菟（今咸鏡南北道，爲沃沮族所居地）、眞番（今平安北道與咸鏡南道之間）

四郡，分別治理。從此，朝鮮半島北部併入中國版圖達百年之久，聲教達於邊陬。而半島南部三韓之地，以地壤相接，大量吸收中國文化，開啓三韓民族日後建國的曙光，且更由韓族再傳日本，遂使日人霑浴中國文化的陶冶，而加速其開化。

四　中國文化經朝鮮半島再傳日本

朝鮮半島南部的三韓與日本九州隔海相望，海上交通往來方便，九州部落的日人，從三韓（特別是辰韓）間接吸收中國文化，使之傳播日本三島。朝鮮半島無疑的成爲中國古代文化傳播的橋樑。日本內田博士在其「日本國史總論」亦證實此說：「海之爲物，能使國與國相隔離，又能使國與國相聯絡，遠距離之交通，航海反易，故古代海上之交通，亦意外容易云。蓋日本列島，橫列於亞洲大陸之門前，與中國僅隔一衣帶水，而朝鮮半島又突出於其間，適爲中倭最古往來之渡橋。故中倭交通當不始於航海術發達之後……箕子之封朝鮮，又恰爲兩者間之銜接地帶」。

五　日本的朝漢

漢武帝既滅衞氏朝鮮，聲威所曁，日本遂通使中國。「漢書地理志」說：「樂浪海中有倭人，分爲百餘國，以歲時來獻見云。」此爲中日關係最早而又最確實的記載。自此，中日交通，漸形頻繁，漢人此後自朝鮮半島向日本移民亦日漸增多。當時日本的情形，據「後漢書東夷傳」說：「倭在東南大海中，依山島爲居，凡百餘國。自武帝滅朝鮮後，使驛通於漢者三十餘國。國皆稱王，其大倭王（卽崇神）居邪馬臺國（卽大和）。」（王儀著中日關係史）

拾　「後三韓」與駕洛的興起

一　韓史的「三國分立時代」

韓國的編年史，以馬韓、辰韓及弁韓稱「前三韓」；而以新羅、高句麗及百濟稱「後三韓」。「前三韓」是韓國的史前期，它和箕氏、衛氏的古朝鮮，同時分領半島南北的疆域，「後三韓」纔屬韓國歷史的開端。

漢武帝平定衛氏朝鮮後的一百年間，朝鮮半島有新羅、高句麗、百濟三國的興起；新羅在東，高句麗在北，百濟在西，是爲「三國分立時代」。然有漢、魏之郡縣，及其他諸小國家介在其間，發生種種紛擾之故，事實上朝鮮半島之分屬新羅、高句麗、百濟之統轄，則是三百餘年後（約當中國東晉初葉）之事。

在「三國分立時代」，與「後三韓」並立的駕洛六國之一的大伽耶與日本接觸最早，爲日人揷足半島的基地，故一倂介紹。

以下依新羅、高句麗、百濟、駕洛建國先後，順序說明其建國經過。

二　新羅的建國

新羅出自辰韓十二國中的斯盧，位於朝鮮半島東南部的慶尙北道，建國年代在漢宣帝五鳳元年（西元前五七年），定都金城（今慶尙北道慶州。金城與平壤同爲韓國的二大文化故都）。惟日本史學家林泰輔認爲新羅建國年代約與高句麗同時（按高句麗建國於漢元帝建昭二年、西元前三七年），但未能提出有力論據，仍從前說。

韓史記載新羅建國，頗多怪誕不經之說，此與東方國家每喜藉神力，以渲染其開國神聖如出一轍；中國盤古開國如此，日本神武開國如此，古朝鮮檀君開國亦復如此，新羅開國亦無例外。

新羅始祖姓朴，名赫居世，又名弗矩內，是個卵生的神話人物。據傳當年朝鮮半島東海岸土著分隸六村（卽辰韓六部），一日，高墟村長蘇伐公在林間忽見一馬跪而長嘶，急往查視，馬已杳渺，得一大卵，剖之，內有男嬰，六村奉爲神人，善加撫養。及長聰慧異常，年十餘，六村共立爲君，稱「居西干」，此辰韓語王之意也。赫居世因是卵生，卵像瓠，俗又以瓠乃朴所剖，故以朴爲姓，國號稱「徐羅伐」，韓語急讀之爲「新羅」。建國未久卽合併辰韓。

朴赫居世立閼英爲妃，傳說她是龍女，生於閼英井，爲一老嫗收養成人。下嫁赫居世內輔甚力，時稱「二聖」。自新羅建國之後，赫居世督促六村致力農桑，敎民禮讓。某次樂浪（漢樂浪郡）來伐，發現新羅境內「路不拾遺，夜不閉戶」，敬佩之餘，引軍而退。而東沃沮（今咸鏡道東南濱海的咸興郡）人，對赫居世亦極敬服，稱爲「聖人」，並獻贈良馬。繼而，弁韓亦自動歸附新羅。

朴赫居世死後，南解次次雄繼立，（按次次雄爲辰語「巫」的譯音，君主與巫同稱，足證新羅初葉崇尚鬼神之盛），有昔脫解者自海外來依南解，甚受優容，並以長女妻子。及南解臨終，謂乃子儒理及婿脫解：「朴、昔二姓，以年長者嗣位」，儒理年長於脫解，依遺言應嗣位，然儒理因脫解有德望，願將王位相讓，脫解不受。因諺有云：「聖智之人齒多」，二人乃各噬餅試之，以齒多者繼位，結果儒理齒多，遂卽嗣位，稱「尼師今」（辰語齒多之意）。自是至實聖尼師今，凡十六代，均承襲「尼師今」號。

朴儒理死後，昔脫解卽位，改新羅爲「鷄林」。相傳城西之始林，一日忽有金櫃懸於樹梢，白鷄鳴於櫃下，脫解急往開櫃得一嬰兒，像貌奇偉，收而養之，名之爲「金閼智」（辰語稱小兒爲閼智），又改始林爲鷄林。

自昔脫解以降，新羅王歷婆娑、祗摩、逸聖、阿達羅、伐休、奈解、助賁、沾解八尼師今，直至助賁尼師今婿金味鄒，以金閼智的裔孫承繼沾解尼師今之位，遂開金氏參入新羅王統之始。之後，新羅王家由朴、昔、金三氏輪流更遞，而少王統之爭，實屬難得（參考林泰輔著朝鮮通史）。以上諸王大抵用心國事，整飾內政，並以策謀兼併鄰近小邦。當味鄒尼師今至基林尼師今時代（約當東漢末葉），朝鮮半島上尚有漢的樂浪、帶方二郡存在，新羅位於漢二郡之東，此時，高句麗新興勢力雖大，但因漢二郡在地理上的緩衝，避免與之衝突，正可潛養國力。

三　高句麗的建國

高句麗原屬漢玄菟郡轄的小國，位在今平安北道以迄遼東東部，跨鴨綠江之東西。建國在漢元帝建昭二年（西元前三七年），開國者是東胡族扶餘國（今吉林省農安縣）王子朱蒙（一作鄒牢，均爲音譯）。扶餘爲東胡夷（卽所謂東北人）舊五族中之一的滿族所建的國家。三代前的肅愼，秦時的挹婁，均是滿族人所建。漢時除建有扶餘國外，尙有鮮卑、烏桓等國。扶餘自稱是黃帝之子昌意後裔，與中原人（古稱夏舊五族中之漢族，爲中華民族的中堅分子）接觸最早。

高句麗建國經過，韓史亦有一則美麗的神話。傳說扶餘國王解夫婁求嗣心切，遍祭國境山川，求神賜子，一日行抵鯤淵，其坐騎忽對一大石流淚；王命移開大石，發現一金色蛙形小兒，帶回撫養，名爲「金蛙」。及長繼位。得河伯女柳花於太白山（傳說古朝鮮開國者檀君得道之山）南優渤水濱，妻之。後柳花因日光受孕，生一大卵，金蛙用盡力量無法剖開，柳花將之置放溫暖之地，不久，一男兒破殼而出，骨相岸偉。七歲卽精騎射，百發百中，因呼之爲「朱蒙」（按此爲音譯，扶餘人稱善射者爲朱蒙），極得金蛙寵愛。

朱蒙年長，娶禮氏爲妻，兄弟六人均妬其才，欲謀殺之。朱蒙得悉其情，偕烏夷、陝夫、摩離諸人逃亡，當抵達扶餘東南方之淹淲水邊，無船可渡，而追兵趕至，朱蒙身歷絕境，暗祝上蒼說：「我是天帝的子孫，河伯的外甥，現在逃難在外，追兵快要趕上，祗求神明保佑。」禱告畢，一霎時但見魚鼈成羣並浮而來，搭成一橋，朱蒙始能平安渡江，及追兵趕到，魚鼈散去，江水一片。朱蒙一行至毛屯谷，邂逅麻衣、衲衣、水藻衣三賢人，結伴至佟佳江上流的卒本扶餘（今平安南道成川縣），會長見朱蒙「骨表英異」，以女妻子。其後，酋長逝世。朱蒙承繼其位，以「高」爲氏，名其國號爲「高句麗」，定都紇升骨城（按卒本扶餘境內有紇骨山，該城因山得名。「魏書」、「北史」稱紇升骨城，「北周書」稱紇斗骨，地在今安東省興城縣附近）。

朱蒙的誕生及建國的傳說，事涉神怪，不足採信。但高句麗之爲扶餘人所創，則爲中、日、韓史家所承認。至韓人喜以卵生人物，作爲神話中心，頗堪玩味，蓋或以卵生爲神聖的象徵，此猶如國人每喜將歷代開國君主出生事蹟，故事渲染以示不同凡俗，藉以贏得國人之敬畏，鞏固其政權，同爲一理也。

高句麗建國未久，松壤（今平安南道成川縣西南的江東縣）人來降，繼之又消滅荇人部（今江原道三陟府）與北沃沮（今圖門江南北，包括咸鏡道）。至瑠璃王驪時代（約當新莽時代），高句麗勢力已自朝鮮半島中部發展至北部，遷都於鴨綠江上流西岸的國內城（今安東省洞溝附近）。當西元一九七年（東漢獻帝建安二年），高句麗人擁立伊夷摸爲王（即山上王延優），復三遷國都於丸都（今安東省輯安縣，位洞溝西北的板石嶺上，與舊都國內城相距不遠），成爲朝鮮半島上的強大國家。

四　百濟的建國

百濟位於朝鮮半島的西南，原爲馬韓五十四國中的伯濟，亦稱百殘。漢武帝征服衛氏朝鮮後，屬樂浪郡管轄。至漢成帝劉驁鴻嘉三年（西元前十八年），始由高句麗的分支溫祚建立百濟國，定都於慰禮城（今忠淸南道北稷山，位漢水之北）。

先是，朱蒙自扶餘亡命至卒本扶餘，娶酋長女爲妻，生有二子，長名沸流，次名溫祚。及朱蒙以子婿即位，本應擇沸流、溫祚二子中之一人立爲太子，結果立前妻禮氏子類利爲太子，蓋朱蒙在扶餘之元配禮氏亦生一子名類利，幼時善射彈弓，某次，彈丸誤擊一汲水婦之盤器，婦人怒責其爲野種，類利哭訴於母，窮詰生父行踪，母以實情相告，即奔往尋親，父子相見，出驗信物（斷劍各半）相符，朱蒙乃立類利爲太子。

沸流、溫祚自類利立爲太子後，恐兄弟間不能相容，二人偕同烏干、馬黎等十親信與百姓多人，南奔至負兒嶽(三角山)查勘地形，自立爲業。沸流喜濱海之地，烏干等諫阻，沸流不納，堅分其民，居彌鄒忽（今京畿道仁川）。溫祚則居慰禮城，因以烏干等十賢士相輔，國號稱「十濟」。

溫祚定都慰禮後，馬韓王以轄境東北百里之地與之，並予保護，溫祚始能專心致力建國的大業。之後，沸流所居之彌鄒忽地濕水鹹，不能安居，而乃弟之慰禮「都邑已定」，「人民樂業」，相形之下，憂憤而死，其臣民乃歸附溫祚，於是改十濟爲「百濟」，取「百家濟海」之義。

自後，百濟歷文婁王、己婁王、蓋婁王、肖古王、仇首王、古爾王、責稽王、汾西王、比流王、契王的三百餘年間，僅保小康之局。

五　駕洛六國的興起

駕洛六國是介於新羅、高句麗、百濟三國之間，散佈在慶尙南北道一帶；駕洛在今慶尙南道的金海郡，阿羅伽耶在今慶尙南道的咸安郡，小伽耶在今慶尙南道的固城郡，古寧伽耶在今慶尙北道的咸昌郡，星山伽耶在今慶尙北道的星州，大伽耶在今慶尙北道的高靈郡，韓史概稱爲「駕洛」，亦稱「加耶」，此卽古弁韓地。日史則稱之爲「任那」。駕洛六國中，以駕洛與大伽耶二國爲最大，而後者與日本關係最爲密切，爲日人侵略朝鮮半島的跳板。

駕洛創立之初，無國號之稱，亦無君臣之別，有酋長九人，稱「九干」，治理百姓。戶一百，人口七萬五千；多居山野，鑿井而飮，耕田而食。一日，九干登龜旨峯歌舞得六卵，攜歸，卵化六童，一童身長九尺，有偉貌，以其爲新出現之神童，遂名「金首露」（參考李廼揚編著韓國通史），「金首露登龜峯，望駕洛之九村而始國開」（林泰輔著朝鮮通史），所以駕洛國的開國始祖，依然是個神話的卵生人物。駕洛另稱「伽耶加羅」、「狗邪」者，大抵爲同音異譯之故，至稱其爲「金海加羅」者，或係冠以其所據之地名稱之也。其餘五童日後均各爲五伽耶之主。

駕洛建國年代爲東漢光武帝劉秀建武十八年（西元四十二年），但史家對此建國年代有持疑意者，認爲駕洛是一舊國，遠在西漢武帝劉徹時代駕洛卽與日本交往，故其建國年代應在西漢初葉。惟依筆者管見，駕洛六國之一的大伽耶（按日史稱大伽耶亦名任那，此爲日史對駕洛的狹義稱謂），在西漢武帝時代卽與日本接觸固是事實，但此時期所謂之駕洛六國，仍係部落的氏族組織，實質上尙未具有國家規模，其正式建國年代，仍以東漢建武十八年爲妥。

駕洛疆域雖狹，但該地居民的文化，則遠在其近鄰新羅、百濟之上，故林泰輔氏有謂：「其人民未必爲其土著，殆由海外漂流而來開國者也。」（朝鮮通史）據筆者意見新羅雖出自辰韓（辰韓爲秦之亡人所建），百濟雖爲扶餘人所建，他們固受中國文化的洗禮，但前者遠處半島東陬，對中國文化吸收較緩，且因年久月深，新羅人對其遠祖流傳之中國文化，亦勢必淡漠，後者爲扶餘人所建，扶餘民族雖在漢代已經開化，但欲與中原文化相較，自是望塵莫及。駕洛既爲古弁韓之地，而弁韓又爲齊東亡人所建，文化淵源有自，加之東漢光武帝時代，中土人士挾其優秀文化與進步的時代智識，前往駕洛從事開拓，宜乎其文化、藝術、音樂與各項建設，較之新羅、百濟進步也。

六　日本插足朝鮮半島之始

當日本崇神天皇在位時代（約當漢武帝末期），日本國內尚未統一，九州以東之蝦夷族（按此族在三千年前，來自亞洲西部，東經西伯利亞而至日本，爲日本最早的土著民族）的勢力正盛，而九州以北的豪族，亦大部獨立。全國各地各以其血統關係，自行結合爲一政治單位，其首領稱爲「氏上」。當中國西漢初期，這種以血統關係而組成的氏族部落，散佈在日本各地，尚有百餘單位，故「漢書地理志」說日本境內分百餘國。是知崇神所建的「大和」，亦僅爲百餘部落中之一而已。

崇神是大和族具有遠大志業的領袖，他爲達成統一日本的宏願，乃派四道將軍出征，大和族的勢力因軍事的節節勝利而向四方擴張。此時，大伽耶（即日史所稱任那）仰慕大和族的聲勢，特遣蘇那曷叱知前往大和，乞求崇神遣將卒前來大伽耶鎮守。崇神爲開拓海外事業，對大伽耶的請求欣然應諾，遣派大將鹽乘津彥渡海來鎮，此爲日本插足朝鮮半島之始。

拾壹　新莽怒改高句麗為下句麗

一　王莽篡位與西漢的滅亡

王莽為漢元帝劉奭王皇后姪，成帝劉驁封莽為新都侯並為大司馬秉政，莽恭儉、勤學，交結名流，人多稱譽。漢綏和二年（西元前七年），成帝暴崩於未央宮。哀帝劉欣繼立，罷莽職，一時上書訴冤者以百數。漢元壽元年（西元前一年），哀帝崩，中山王劉衎年九歲繼立，是為平帝。王太皇太后臨朝，王莽自為太傅，稱安漢公，復秉政。漢元始四年（西元四年），莽自加宰衡號，上書頌功德者四十八萬餘。平帝無子，王莽野心漸露，剷除異己，廣植勢力，以為篡位之資。漢元始五年（西元五年），莽弒平帝。王太皇太后命莽居攝踐祚。明年，立宣帝劉詢玄孫孺子嬰為太子，王莽攝政，稱「假皇帝」。又二年篡漢，國號「新」，稱新皇帝。廢孺子嬰為安定公。漢自劉邦稱帝至王莽篡漢，凡二百一十年，歷十三君而亡。史稱西漢，又稱前漢。

王莽自立後，「託古改制，厲行新政」，尤以恢復古代井田制度，為其夢寐所求者，終因食古不化，迂腐顢頇，議論經年未決，而百廢待興，人民未得新政之益，先受其害，良政變為苛政，利民反成擾民，結果一事無成。政府失去人民擁護，政權與人民脫節，政府基礎既經動搖，欲思國家長治久安，終不可得，故王莽於篡漢之十四年，其政權復為漢宗室劉秀所推翻，原因在此。

二　王莽怒改高句麗爲下句麗

新莽政權建立後，法令紛更，徭役浩繁，盜賊四起，以致人心思漢。王莽爲轉移國人視線，遂向匈奴啓釁。匈奴單于原名「囊知牙斯」，王莽堅將其易名爲「單名知」，繼而又將「匈奴單于」改爲「降奴服于」。新始建國四年（西元十二年），王莽頒詔指責降奴服于罪不容逭，應予誅滅，乃分兵十路前往剿討。

此時，高句麗已遷都至國內城，當國者爲琉璃王（按與類利同音，爲朱蒙之子）騶，王莽遣使至高句麗，令騶發兵往攻匈奴，騶不從，莽出師伐高句麗，斬騶首級擕返長安，並布告天下，怒改高句麗爲「下句麗」。因之，高句麗兵「皆亡出塞，犯邊爲寇」，王莽又急遣嚴尤堵擊，始未成患。

其實高句麗的「高」字，乃高句麗創國者朱蒙以中國古代帝王「高辛」氏的「高字」爲氏，而非「高」「下」的高，猶如「匈奴」的「奴」字，乃音譯而非義譯一般。王莽的怒改高句麗爲「下句麗」，與其說是昧然無知，毋寧說是意氣用事。

新地皇二年（西元二十一年），辰韓右渠帥廉斯鑡詣樂浪郡，將前所刼於其地伐木之漢人戶千人歸還中國。先此，此批漢人在辰韓被捕時，曾被斷髮爲奴（參考揚予六編中韓關係大事年表）。

拾貳　東漢與高句麗的關係及對日本的封爵

一　光武中興漢室再造

新天鳳四年（西元十七年）起，國內連年旱災蝗災，尤以靑（山東東部）、徐（江蘇北部）、荊（湖北北部及河南南部）三州災情最重，人民相食。三州饑民由散漫的搶掠變成集體的暴動集團，靑、徐饑民集團叫「赤眉」，蓋將眉染赤而得名。荊州饑民集團叫「綠林」，因窟穴於綠林山（湖北當陽東北）而得名。其後，綠林分爲二支：一支西入南郡（湖北境），號「下江兵」；一支北入南陽郡（河南境），號「新市兵」。數千合夥，擾亂地方。

新地皇三年（西元二十二年），王莽遣兵剿擊赤眉，連遭慘敗。荊州的叛亂益大，平林（湖北隨縣東北）兵和舂陵（湖北棗陽）兵繼而叛亂，與下江、新市兵聯合。舂陵兵首領劉縯、劉秀兄弟，乃漢高帝九世孫，於漢元帝時遷至南陽郡，爲當地望族。

新地皇四年（西元二十三年）二月，荊州、南陽諸軍擁立景帝子長沙定王後裔平林軍更始將軍劉玄（縯族兄）爲帝，改元更始。五月，劉玄拔宛（河南南陽）都之，王莽以王邑、王尋帥兵四十萬討之。新朝軍十餘萬人圍攻聯軍據點昆陽（河南葉縣），劉縯、劉秀引兵解圍，大破新朝軍，王尋被殺，王邑率數千人逃奔洛陽，於是各地紛紛舉兵響應。劉玄遣軍兩路，一路進兵洛陽，一路從武關陝西商縣東）指長安，沿途響應者益多。十月，陷長安，城中居民暴動，王莽爲商人杜吳手刃於未央宮。新朝歷祚十五年而亡。

劉玄入長安，御衆無方，以劉縯聲威甚孚，忌而殺之。劉秀遁走河北，寬惠仁厚，恢廓大度，深得民心。劉玄召其返京，劉秀不從。更始二年（西元二十四年），劉秀擊敗據邯鄲的王郎，平銅馬諸賊，招納其衆，聲勢大振。明年，即帝位於鄗（河北高邑南），改元建武，仍以漢爲國號，是爲光武帝。是年，赤眉攻陷長安，殺劉玄，立牧童劉盆子爲帝。光武帝乘機攻陷洛陽定都，史稱東漢（後漢），以別於建都長安的西漢（前漢）。

東漢建武三年（西元二十七年），馮異大破赤眉，光武帝招降之。東漢建武十年（西元三十四年），降魏囂子純，隴右平。東漢建武十二年（西元三十六年），破公孫述，蜀地平。十年間漢軍先後平定山東、江淮、隴西、河西、蜀等地割據自立的羣雄，重光漢室，統一中國，完成中興大業。

二　高句麗來朝光武帝

東漢建武六年（西元三十年），漢棄樂浪郡嶺東七縣地與高句麗。高句麗大武神王於東漢建武八年（西元三十二年）遣使來朝光武帝。

東漢建武二十年（西元四十四年），復有韓人蘇馬諟等詣樂浪貢獻，光武帝封蘇馬諟爲韓廉斯邑君，使屬樂浪郡，四時朝貢（揚予六編中韓關係大事年表）。

三　樂浪人王景治理汴渠功業不朽

東漢建武六年，光武帝遣太守王遵率師至遼東擊土人王調，樂浪誦邯人王閎（先世避呂氏之亂，浮海至樂浪）率衆殺調迎遵。光武帝以其功，封列侯，閎謙辭不受，帝奇而徵之，閎於來朝中途病逝。

東漢明帝劉莊永平十二年（西元六十九年），漢廷集議修築汴渠，據宋希尙氏「漢代的水利專家樂浪人王景」一文指陳：汴渠與黃河在當日地理形勢，爲二而一之工作。按汴水之名始於「禹貢」，而結束於元泰定元年（西元一三二四年），汴爲黃河所奪之後。據「禹貢」所載：「浮於淮泗，達於汴，入於河」，可知汴渠與黃河利害關係猶之如近世黃河之與淮河然。之後，河性多變，汴之水上交通漸見湮廢，楚漢時所謂「鴻溝」，實乃汴水遺跡。西漢乃就此「鴻溝」重建「莨湯渠」，後稱「汴渠」，亦稱「漕渠」。其後，汴渠受黃河屢決的影響，迫使東侵，於是兩者交相爲病。

樂浪人士以王閎之子景擅曉治水，因薦之於朝，「後漢書王景傳」說：「少學易，廣窺衆書，又好天文術數之事，沉深多伎藝。」同年夏，漢廷發卒數十萬，修築汴渠，由景策督。景「商度地勢，鑿山阜、破砥績，直截溝澗，防遏衝要，疏決雍積，十里立一水門，令更相洄注，無復潰漏之患。」其旨在抵制黃河南徙，以保障汴渠之穩定。自滎陽東至千乘海口千餘里，一年成渠，動員人工數十萬，王景雖「儉省役費」，然所費猶達百億之上。王景自是名顯。

東漢章帝劉炟建初七年（西元八十二年），景遷徐州刺史，明年，遷廬江太守，卒於官。當代水利學家宋希尚氏對王景推崇備至，他說：「黃河爲中國大患，數千年來，潰決遷徙，災害頻仍，但一考歷代治河功績，夏禹之後彪炳於史乘者，當推後漢王景。蓋河從王景之後，歷晉、宋、魏、齊、隋、唐八百年長時間而大治，其貢獻國家之大，與治水學術之精闢，誠不愧爲大禹第二。」

四　安帝時代高句麗先叛後降

東漢自和帝劉肇即位，宦官、外戚，相繼弄權，政治腐敗。和帝在位十七年傳位殤帝，時僅八月即夭謝，安帝劉祜繼立。

先是，高句麗由太祖王宮主政，雄悍桀黠，伐東沃沮，開拓疆域，國勢轉盛，其勢力東至滄海（日本海），南抵薩水（清川江）。

東漢安帝建光元年（西元一二一年），高句麗太祖王宮聯合濊、貊兩族襲漢玄菟郡，太守姚光奮力迎擊，並得扶餘精兵二萬支援，乃於建光二年（西元一二二年）擊潰高句麗聯軍。

同年，高句麗太祖王宮病篤，臨終將王位傳於乃弟遂成，是爲次大王。玄菟太守姚光聞高句麗新喪，欲乘機進擊，朝議亦以爲然，獨陳忠持異議，他指責姚光在宮生前不敢出擊，卻主伐喪爲不義。他建議遣使高句麗弔喪，並責其前犯邊境之罪，以觀後效，安帝採陳忠之議，遣使高句麗曉諭。遂成因以新立，不敢生事，親往玄菟郡歸順，並將去歲所俘漢人釋放。繼而濊、貊兩小國亦相繼歸漢。

五　順帝時代高句麗寇邊與靈帝時代的降服

高句麗次大王遂成殘暴成性，在位十九年爲其部屬明臨荅夫所弒，羣臣迎立其弟伯固繼位，是爲新大王。

新大王卽位之初，尙臣事漢廷，東漢順帝劉保乃在玄菟郡置屯田六部。但不久高句麗叛漢來寇新安居鄉、西安平，漢因國內不安，未對高句麗用兵。及桓帝劉志在位，派玄菟太守耿臨率師伐之，高句麗丞相明臨荅夫採焦土政策，以「空室清野」戰略，將一切物資盡行破壞，免資敵用。耿臨軍抵達高句麗邊境時，疲困饑餓，士無鬪志，卽行撤退，明臨荅夫乘耿臨軍回師之際，揮兵追擊，大敗漢軍。直至漢靈帝劉宏建寧二年（西元一六九年），漢復命玄菟太守耿臨再伐高句麗，新大王伯固始降屬遼東。

六　遼東太守參預高句麗宮闈之爭

東漢自靈帝中平元年（西元一八四年）黃巾賊張角之亂，天下風靡，國本大傷，地方刺史因剿賊亂而坐大，繼以漢廷改刺史爲州牧，釀成州郡割據之局，遂開分崩之兆矣。

東漢中平六年（西元一八九年）四月，靈帝逝世，少帝劉辯卽位，政在閹人，大將軍何進召董卓兵入誅宦官謀洩，張讓等殺進。司隸校尉袁紹盡誅宦官，而董卓兵至，於同年九月卓廢少帝，立陳留王劉協，是爲獻帝。

此時，遼東太守公孫度據有玄菟、浪樂二郡，中原人因黃巾賊亂相率避往遼東，其中不乏名流學者，例如管寧亦投靠公孫度。度以漢室大勢已去，擬以遼東樂浪爲基礎，自創新業，因將樂浪郡南七縣荒地另劃一區，新設帶方郡，收容中土難民。按據「後漢書郡國志」資料：東漢順帝永和五年（西元一四〇年），卽公孫度治守遼東前五十年，樂浪一帶擁有漢人約二十餘萬衆，此際漢人因避黃巾賊亂而大批湧往，其數量之急增可以想見。

高句麗新大王伯固在位十四年去世，故國川王南武卽位，禮聘處士乙巴素爲國相，撫恤貧民，立賑貸之法，國人譽爲明君。東漢獻帝建安元年（西元一九六年），故國川王去世，王后于氏矯書遺命立王弟延優卽位，是爲山上王，並立于氏爲后。同年，山上王遷都丸都。故國川王另一弟發歧以于氏僞詔而使延優登位，深無不滿，據「朝鮮史略」說：「王薨（按指南武之喪），后秘不發喪；夜往王弟發歧第曰：『王無後，子宜嗣之。』發歧不從，責曰：『婦人夜行禮乎？』后慚；又往延優第，延優迎入，飲之。遂執延優手入宮。翌日，矯命立之。」（史書有謂：「國人因拔奇（卽發歧）不肖，擁立伊夷摸（卽延優）。」顯有出入）。於是發歧乞師於遼東太守公孫度協助征討延優。」而公孫度正懷異志，亦欲利用此一時機擴張勢力，乃欣然應諾。惟因發歧出戰不利，遂乃自殺而死，高句麗宮闈政爭亦隨之結束。

公孫度支援發歧，參預高句麗宮闈之爭，爲漢代中韓關係最後之一頁。及東漢建安二十五年（西元二二〇年）曹丕篡漢，廢獻帝爲山陽公，結束東漢一百九十五年統治權，中國天下三分，致開魏、蜀、吳三國鼎立之局矣。

七　東漢對日本的封爵

東漢光武時期，日本通使來中國朝貢的有倭奴國。據「後漢書光武帝紀」說：「二年，春，正月，東夷倭奴國王遣使貢獻。」。又據「後漢書東夷傳」說：「建武中元二年（西元七十五年），倭奴國奉貢朝賀，使人自稱大夫，倭國之極南界也。光武賜以印綬」此事在日本垂仁天皇八十六年，足見在光武年間，日本強大部落的領袖，已遣使來華入貢。據考證：倭奴國在日本北九州地，係古伊郡都地。這是日本入貢中國，見於中國史書上的第一次。而日本要求封爵也始於此時，蓋使人自稱大夫，旨在漢廷的假授。當日本天明四年（清乾隆四十九年、西元一七八四年），曾在日本九州筑前地方掘得「漢倭奴國王」金印一顆。據「學古篇」說：「漢晉諸印，大不踰寸，惟異其紐，以別主守之上下。諸侯王印槖駝紐，列侯龜，將軍虎。蠻夷蛇、虬、駝、兎之屬。其字皆白文。」查所掘出之金印，係蛇紐白文，核與漢制相符，當係光武所賜之印綬。惟掘得之初，議論紛紛，日人或以國體有關，恥其先代入貢漢廷，有謂此印綬係金石家高芙蓉所僞造。或竟對此倭奴國的存在有所懷疑。惟事實勝於雄辯，此一印綬仍爲日本社會所公認，現陳列上野博物館，供人參觀。

東漢安帝永初元年（西元一〇七年），倭國王帥升等，獻生口百六十人，願請見（後漢書東夷傳）。據內藤虎次郎的「倭面土國考」謂：倭國即是倭面土國，亦即大和國。

拾叁　漢代文物流傳朝鮮半島的一斑

一　西漢「五銖錢」流入半島

西漢武帝劉徹時期，政府發行的貨幣，是一種成本低而幣值高的「皮幣」。以白鹿皮方尺，邊加繪繡，當四十萬（幣值因係政府法令規定，而超過其實值）。「皮幣」限王、侯、宗室朝覲聘享時充爲禮物，故流通於王室貴族階級。

除「皮幣」外，又創鑄銀錫合金的貨幣，其大小分爲三種：一爲龍紋圓形，當三千；一爲馬紋方形，當五百；一爲龜紋橢圓形，當三百。繼將貨幣含銀錫份量減輕，並命各縣鎔銷秦代的「半兩」錢，改鑄「三銖」錢。後因「三銖」錢質量輕，體積小，易爲民間模仿僞造，於是漢武帝於元狩五年（西元前一一八年），又令鑄「五銖」錢，「五銖」錢製造精細，重量較「半兩」錢輕。

西漢的「五銖」錢，在民國二年（西元一九一三年）於朝鮮半島北部的平壤及大同江對岸土城里發掘出土。

二　王莽居攝「泉幣」流入半島

自漢武帝元狩五年初鑄「五銖」錢以迄漢平帝劉衎元始初年，歷一百二十餘年間，政府先後鑄造

「五銖」錢達二百八十餘萬萬。王莽居攝（孺子嬰居攝元年、西元六年，莽稱假皇帝）以周錢「子母相權」之制，因造大錢，重十二銖，文曰：「大泉五十」，另以「小泉直一」爲輔幣。「大泉五十」、「小泉直一」二種泉幣，於民國二年在大同江對岸的古城里發現。據考古學家研究，中國歷代「泉幣」的製作，以新莽時代爲最精。

三　王莽居攝「年鏡」流入半島

王莽居攝「年鏡」，在土城里發現，製作甚精，鏡面有篆書銘文三十字，頗爲完整。按新莽時期銅質器物傳世者，中土所見以泉幣居多，而銅鏡殊少流傳。據考古學家孫詒讓氏考證，此年鏡價值遠在新莽始建國二年（西元十年）銅鐘之上。

四　孝文廟銅鐘在半島發現

孝文廟銅鐘鑄造於西漢元帝劉奭永光三年（新羅朴赫居世十七年、西元前四十一年）六月。此鐘在大同江對岸土城里古墓掘出時，多已殘損。徐亮之氏以此鐘可能是當地華籍銅匠所鑄，是則在西漢時代中國鑄銅技術已傳入半島。又據地理學家楊守敬氏及日本地理學家關野貞氏的考證，認爲孝文廟銅鏡在土城里的發現，可推知樂浪郡治址，不在平壤。此實爲地理學家對半島郡址有價値的發現。

五　東漢「壓勝錢」流入半島

東漢的「壓勝」錢，在平壤發掘出土，甚爲收藏泉幣愛好者的稱道。

貨幣是一切財貨交換的媒介，兩漢與新莽的貨幣流傳半島，可知當年中韓貿易關係的密切。

六　裝飾品與漆器流入半島

漢代婦人梳髻，喜戴步搖等金銀飾物與玻璃耳璫，這些美容的裝飾品與供使用的漆製皿器，在平壤對岸樂浪（樂浪郡遺址）、永川兩郡發掘不少，有助研究「樂浪文化」（指朝鮮文化史）的參考。蘇瑩輝說：「因樂浪時代之遺蹟、遺物遞有發現，故在斯學方面獵獲甚豐，幾有蔚成顯學之勢。」蘇氏又指述民國十年（西元一九二一年）前後，日本考古學家致力樂浪遺物的發掘最力，所掘大批漢代漆器，上題款識確爲「廣漢諸地工官」，是知各工官不僅主製金銀器，且亦主製漆器。又因樂浪漆器出土，可以參稽漢史處甚多，例如漆器中有「子同郡」云云之銘識，與「後漢書地理志」（廣漢郡治梓橦條）所稱：「王婦山馳水所出，南入涪，行五百五十里。莽曰子同。」正合，且亦證實此漆器係新莽始建國年間所製（參考蘇瑩輝中韓金石文字因緣）。

七　絲織品傳入半島

漢時，富貴之家多以彩絲爲原料，編製成衣，（中等之家以單純的縑帛與麻製衣），此類絲織品於民國五年（西元一九一六年）、十三年（西元一九二四年）及十四年（西元一九二五年）遞在樂浪郡舊址古墓中發掘出土，其中有綾絹殘片，綾文羅等。據考古學家研究，此類絲織品是漢代山東半島的產物，由商人運往朝鮮半島銷售者。按樂浪爲漢代設置於半島的四郡之一，漢人居留頗多（東漢順帝永和五年漢人居此者，逾二十萬人），彼輩喜愛絲絹，故商人大量輸往，深受中韓人士歡迎。

八　鍊鐵技術傳入半島

漢代除將鑄銅技術傳入半島外，鍊鐵技術亦同時傳授朝鮮半島。在平壤出土的鐵製器物，有刀、矛、劍、戟，其規格一如漢制。

九　漢畫流傳半島

在樂浪郡舊址古墓中，掘出婦人梳裝所用的漆奩，上繪孝子圖，取材與東漢武梁祠石刻的孝子圖相類。在出土的漆皿上，繪有神仙、龍虎的圖案，此爲漢代盛行的畫風。漢代瓦當文上繪兎，在樂浪出土的鏡背及漆杯上，亦有兎子搗藥的圖案。上述掘出漆器的古墓，雖多爲當年漢郡官員或其眷屬埋骨之所，然漢畫藝術在兩漢時代之流傳半島亦爲事實。

十　漢代壁畫盛行高句麗

漢代高級的建築物，多繪有壁畫，壁畫的體材，可自現存祠堂廟宇的畫像與石刻略窺一二。考古學家發現在高句麗國都（丸都）的若干古墓壁上，多繪有日、月、星辰、蒼龍、玄武及天人等單色或彩色的壁畫，其作風極近兩漢，而其中的「四神像」，酷似東漢的石刻畫。又在丸都附近掘出的磚瓦，發現其花紋，部分是漢代流行的。

十一　漢代銅馬與綠釉陶馬流入半島

中國古代之馬極為優良，河南洛陽金村出土的戰國時代「銅馬」，軀體雄昂，蹤躍神采畢露。漢武帝以「天馬」可以代龍，百方求之。「大宛傳」說：「初，天子發書易云：『神馬當從西北來』，得烏孫馬，好，名曰『天馬』。及得大宛『汗血馬』，益壯，更名烏孫馬曰『西極』，名大宛馬曰『天馬』。」足見漢武帝對馬的珍視。

由於大宛馬的輸入中國，極得國人珍愛，而馬形之藻飾亦隨之增多；例如東漢光武帝建武二十年（西元四十四年）馬援鑄有馬式銅鼓卽屬一例。樂浪郡遺址出土的銅馬及綠釉陶馬，卽是漢代的產物。

拾肆　三國時代魏吳與高句麗日本的關係

一　東漢的滅亡與三國鼎立之局

（一）赤壁之戰決定天下三分

東漢靈帝時，黃巾賊亂，天下風靡，國本大傷，地方州牧因剿黃巾亂而演成割據之勢。羣雄兼併結果，勢力較強者有曹操、袁紹、劉焉、劉表、孫策等；曹操據兗、豫、徐、涼四州；袁紹據冀、幽、青、幷四州；劉焉據益州，焉死，子璋繼之；劉表據荆州，表死，子琮繼之；孫策據揚州，策死，弟權繼之。袁紹據地最廣，兵力最強。曹操雖弱於袁紹，但挾天子以令諸侯，而佔政治優勢，且長於用兵，知人善任，爲袁紹所不及。劉備勢力最弱，先依曹操，繼依袁紹，後依劉表，屯軍河南新野，爲荆州前衛。

東漢獻帝建安五年（西元二〇〇年），袁紹統軍南下與曹操爭雄，大戰於官渡（河南中牟東北），袁紹兵敗，回師鄴城（河南臨漳）而死，曹操乘機併有冀、幽、青、幷四州，進破烏桓，平定遼西，略定北方。

曹操既定北方，繼謀南征，東漢建安十三年（西元二〇八年），南伐劉表，曹兵至新野而劉表死，劉琮遣使降曹。時劉備屯樊城（湖北樊城），曹軍驟至，大駭，急奔江陵，曹操追至當陽（湖北當陽）長坂，張飛在後掩護撤退，曹兵不敢近，劉備與諸葛亮會合劉表長子劉琦兵萬餘撤至夏口（湖北漢口）。曹操既得荆州，乘勝以三十萬軍順江東下攻孫權，孫權聽信諸葛亮、魯肅、周瑜之策，誓不迎曹，決與劉備並力抵抗。孫權遣周瑜、魯肅與劉備聯軍五萬大戰曹軍於赤壁（湖北嘉魚）。時曹軍在江北，孫、劉聯軍在南岸，周瑜部將黃蓋獻苦肉計，先以書遺曹操詐降，後趁東南風急，火攻北岸曹軍船艦，焚燒殆盡。時火烈風猛，延燒岸上連營，煙燄滿天，曹軍不習水戰，燒溺死者大半。劉備乘機佔據荆州，奠定魏、蜀、吳三國鼎立的基礎。

(二) 曹魏篡東漢

東漢建安十三年，曹操廢三公自為丞相。東漢建安十八年（西元二一三年），曹操自稱魏公。東漢建安二十一年（西元二一六年），曹操自立為魏王，弑后殺太子，獻帝不能救。東漢建安二十五年（西元二二〇年），操死，子丕篡漢，廢獻帝為山陽公，改國號為魏，是為魏文帝。至是東漢自光武帝光復中興至獻帝被廢，傳君十四，得國一百九十五年亡。自此，國史進入羣雄割據，分土爭雄，互相慘殺逾半世紀之久的「三國時代」。

(三) 三國鼎立

赤壁戰後，東吳孫權的基業穩固。劉備自荆州率軍入蜀，時劉焉已死，子璋據益州，降於劉備，備自領益州牧。東漢建安二十年（西元二一五年），曹操取益州漢中郡。東漢建安二十四年（西元二一九年），備出兵攻佔漢中，遂據益州全境，自立為漢中王。同年，留守荆州的關羽統兵北伐，孫權乘虛襲荊州，關羽兵敗被殺，荊州轉爲孫權所有，劉備勢力侷限於益州。

魏——曹丕篡漢，定都洛陽，是爲魏文帝。據中原，卽黃河流域、河西走廊、遼東及朝鮮半島部分地。

蜀——魏黃初二年（西元二二一年），漢中王劉備於成都卽帝位；建國號爲蜀，改元章武，是爲蜀漢昭烈帝。據益州、巴蜀、漢中，卽四川、陝南、雲南、貴州地。

吳——東漢建安二十二年（西元二一七年），孫權降於曹操。魏黃初二年，魏文帝封孫權爲吳王。明年，孫權改元黃武，拒魏，天下三分。魏明帝太和三年（西元二二九年），孫權稱吳大帝，都建業（南京），改元黃龍。據江東荊、揚二州及交州，卽長江中下流域各省、兩廣及今越南中北部之地。

魏據地最廣，國勢最盛；蜀國土味肥沃，惜幅員過狹；吳國中地，然有江漢之險，荊揚之饒，三國各有特長，故能鼎足而立，三分天下。自東漢獻帝建安二十五年曹丕篡東漢，至晉武帝太康元年（西元二八〇年）滅吳的六十年間，史稱「三國時代」。

二　高句麗臣事吳國

魏明帝曹叡太和三年（西元二二九年），吳王孫權稱吳大帝，改元黃龍，由武昌遷都建業（今南京）。

同年，吳大帝遣使宣詔高句麗入貢，高句麗東川王（位宮，係山上王之子）欲倚援此南方大國，遂欣然應命。據「吳志孫權傳」說：

「黃龍二年（魏明帝太和四年、西元二三〇年）春正月，遣將軍衛溫、諸葛直將軍士萬人，浮海求夷州及亶（一作澶）州。亶州在海中，長老傳言：秦始皇帝遣方士徐福將童男女數千人，入海求蓬萊神仙及仙藥，止此州不還，世相承數萬家。其土人民時有至會稽貨布，會稽東冶縣人亦有遭風流移至亶州者。所在絕遠，卒不可得至，但得夷洲數千人而還。」

茲據日人松下見林的「異稱日本傳」指稱：「夷州、亶州皆日本海島」。由於吳師稱兵日本海上，高句麗卽於翌年稱臣貢吳。明年，吳大帝封高句麗東川王爲「單于」。

三　高句麗周旋魏吳二國之間

高句麗臣吳之後，魏幽州刺史毋丘儉奉魏明帝旨招撫高句麗，魏乃北方之強，東川王一再躊躇（魏文帝開國之初高句麗鄰國的濊、貊卽首先奉貢），終斬吳使，傳其首級於魏，轉而臣事魏國，與吳絕交。

惟至魏明帝青龍元年（吳黃龍五年、西元二三三年），高句麗東川王復應吳大帝孫權之詔，奉表稱臣。

四　魏伐遼東威震海表與日本來朝

東漢獻帝初平元年（西元一九〇年），公孫度鎮遼東，即懷異志。東漢建安九年（西元二〇四年），度子康立，翌年，割樂浪之南界置帶方郡。

魏明帝太和二年（西元二二八年），公孫康子淵繼任遼東太守。魏太和六年（西元二三二年），淵據遼東，領樂浪、帶方二郡。

魏明帝景初元年（西元二三七年），淵稱燕王，不奉魏召，並勸誘鮮卑族人侵擾北方。魏明帝乃於翌年派太尉司馬懿率軍往遼東征伐，高句麗東川王出兵數千人，助司馬懿討燕王父子，結果公孫淵大敗，司馬懿斬燕王父子，浮海收帶方、樂浪等地，控制朝鮮半島，威震海表。

同年八月，倭女王卑彌呼震於魏勢，特遣大夫難升米等往帶方郡求詣明帝，太守劉夏遣屬吏伴送日使至魏都洛陽。魏明帝於同年十二月特頒詔書說：

「制詔親魏倭王卑彌呼：帶方太守劉夏遣使送汝大夫難升米、次使都市牛利，奉汝所獻男生口四人、女生口六人、斑布二匹二丈以到。汝所在踰遠，乃遣使貢獻；是汝之忠孝，我甚哀汝。今以汝為『親魏倭王』，假金銀紫綬，裝封付帶方太守假授。汝其撫綏種人，勉為孝順。汝來使難升米、牛利涉遠，道路勤勞，今以難升米為率善中郎將，牛利為率善校尉，假銀印青綬，引見勞賜遣還。今以絳地交龍錦五匹、絳地縐粟罽十張、蒨絳五十匹、紺青五十匹，答汝所獻貢值，又特賜汝紺地句文錦三匹、細斑華罽五張、白絹五十匹、金八兩、五尺刀二口、銅鏡百枚、眞珠鉛丹各五十斤，皆裝封付難升米、牛利還。到錄收悉，可以示汝國中人，使知國家哀汝，故鄭重賜汝好物也。」（魏志倭人傳）此爲中國帝王對日本制詔，見於史籍之首次，亦爲中國對日本封假之始。至東漢時代日本倭奴國（位日本九州，係古伊郡都地）於光武帝中元二年（日本垂仁天皇八十六年、西元五十七年）遣使朝賀，「使人自稱大夫……光武賜以印綬」（後漢書東夷傳），則爲日本入貢中國，見於史册之第一次，日使自稱大夫，旨在漢廷的假授，爲主動要求封爵。

惟魏明帝於景初三年（西元二三九年）一月逝世，廢帝齊王芳卽位，明帝所頒日本詔書、印綬及賞物至魏正始元年（西元二四〇年），始由帶方太守弓遵遣率中校尉梯儁攜往日本，卑彌呼因托魏使答謝詔恩（參考魏志倭人傳）。「親魏倭王」金印已不存在，惟宜和集古印史中拓有此印，今存日本「好古目錄」中、可資爲證，筆者曾見及此拓印，係用陽文雕刻者。

綜計魏明帝景初二年至廢帝正始八年（西元二四七年）之十年間，卑彌呼曾四次遣使入魏，足見其感戴魏室之忱，與醉心中國文化之深。拙著「中日關係史」指述其原因有三：

（一）懾於魏明帝平定遼東的聲威。

（二）感戴魏明帝、廢帝的懷柔，厚往薄來，所賜日本禮物皆魏室珍品，且封假有加。

（三）倭女王國與狗奴國交惡攻擊，魏室從中調解息爭，倭女王國因感魏廷恩澤而懷德來朝。

由於卑彌呼四次遣使入魏，深受中國文化之刺激，而促生華化動機，蓋中國文化自黃帝開國，經秦、漢兩代的發揚，文物制度與學術思想，均已燦然大備，洛陽是魏國京都，是中國莊嚴都城的所在地，日人四次來朝，觀光上國風光，向化之心油然而起。他們目睹東方文化發祥地的中國，有統一的政治組織，有燦爛如花的物質生活，更有崇高理想的精神生活，因而對中國文化產生熱烈的愛慕與追求。他們返國之後興起新的觀念；在政治方面企圖建立一個中國式的統一國家，在生活方面希求享有中國人的高度物質文明生活。同時魏帝所贈日本名貴珍品，直接的提高部分日人的物質享受，間接的刺激日本技術的改進。恰於此時，正當中國魏晉之際，中國大陸與朝鮮半島都有戰亂，中國人大批湧往日本三島避難，其中不乏了解中國文化，且學有專長之士，他們到達日本之後，頗受日本朝野的歡迎，並優禮相待，士為知己者用，他們樂願獻出一己之力，而為日本從事政治文化各方面的改進，結果使日本文化滲入濃厚的中國色彩。即以嚮往華化最切的彌卑呼為例，如以「婢千人自侍」「居處宮屋樓觀城柵嚴設，常有人持兵守衛」，殆受中國文化影響之結果，及至死後，日人為她經營的百步大墳，並用奴婢百餘人殉葬，已學步中國風俗制度矣（參考日人木宮泰彥著中日交通史）。

五　高句麗犯邊痛遭魏師撻伐

高句麗東川王位宮是韓史上的英雄人物，「魏書高句麗列傳」亦說：

「莫來子孫傳至裔孫宮（按指高句麗太祖王宮），生而開目能視，國人惡之。及長凶虐，國以殘破。宮曾孫位宮亦生而能視，人以其似曾祖宮，故名位宮。高句麗呼『相』為『位』。位宮亦有勇力，使弓馬。」

位宮饒勇善戰而有雄心，他不甘高句麗長期雌伏魏、吳，欲圖振作，乃於魏廢帝正始三年（西元二四二年）遣兵襲擊遼東的西安平（今遼陽之東）以圖一快。直至魏正始五年（西元二四四年），魏幽州刺史毌丘儉始率軍一萬餘人往伐高句麗，直薄丸都（今安東輯安）洗刧一空，位宮攜妻遁走竹嶺，高句麗軍士四潰。

魏正始六年（西元二四五年），魏樂浪太守劉茂、帶方太守弓遵，以嶺東濊服屬高句麗，興師伐之，濊不耐侯等舉邑降魏。

魏正始七年（西元二四六年）春，幽州刺史毌丘儉再伐高句麗，圍攻丸都，情勢危急，位宮因得東部人密友敢死隊來援，與紐由詐降魏軍，藏刀於食皿，刺殺魏將，位宮乃乘魏軍混亂之際倉促突圍，南奔南沃沮，玄菟太守王頎追擊之，由南沃沮至北沃沮（今咸鏡北道鏡城附近）以達挹婁（今松江延吉附近）的南界。

毌丘儉於結束高句麗戰役後，在板石嶺（今安東輯安縣西北）勒石以誌其功。此碑於清德宗光緒三十一年（西元一九〇五年）爲輯安縣知縣發掘出土，用魏碑字體書寫，惟已殘損不全。

東川王俟魏軍撤師，返歸丸都，但見一片焦土，城池圳塌，滿眼瘡痍，乃遷都於平壤。

同年五月，貊、韓、那奚等數十小國均降魏。

魏正始九年（西元二四八年），正當高句麗東川王致力復國大業之際，忽焉病逝，臨終之日，

「國人無不哀傷，自殺以殉者甚多，亦可見其非凡庸之君矣。」（林泰輔著朝鮮通史）戰敗之君竟獲國人愛戴，正足說明高句麗人忠君愛國精神。

六　百濟乘隙偷襲樂浪

當魏正始七年，樂浪太守劉茂、帶方太守弓遵，協力支援幽州刺史毌丘儉討伐高句麗之際，百濟古爾王乘隙偷襲樂浪，以冀漁人之利，其志雖未達，但魏與百濟間的關係，自不愉快。

拾伍　晉代五胡亂華與前燕對高句麗的冊封及日本的來朝

一　三國畢晉統一

（一）蜀漢北伐曹魏及其滅亡

蜀漢國小民寡，諸葛亮整軍建武，並結好吳國，待南方蠻夷平定，後顧之憂解，且獲物資兵源，因於魏明帝太和元年（西元二二七年）三月以長史張裔、參軍蔣琬留守成都，負責聯勤業務，而親率蜀軍北駐漢中，上表北伐曹魏。

明年春，諸葛亮命鄧芝、趙雲守箕谷（陝西褒城西北），自率蜀軍攻祁山（甘肅西和西北），天水、南安、安定三郡叛魏響應，關中大震。魏明帝以曹眞統攝關中軍事，並派張郃迎戰，大敗蜀軍前鋒馬謖於街亭（甘肅秦安西北），蜀軍退師，曹眞繼平三郡。同年，魏將曹休伐吳失利，魏兵東下，關中空虛，諸葛亮於十一月上表二次北伐。十二月，亮引兵出散關（陝西寶雞西南），圍陳倉（陝西寶雞東），陳倉守兵雖僅千餘人，但已有備，蜀軍數萬圍攻二十餘日不下，糧盡而退。

魏太和三年（西元二二九年）春，諸葛亮派陳戒攻武都（甘肅成縣西）、陰平（甘肅文縣西北），自率軍至建威（甘肅成縣西北）助陣，拔二郡而回。

魏太和四年（西元二三〇年），曹眞伐蜀，亮率軍至成固（陝西成固西北）以待魏軍，另派李嚴赴漢中迎戰，適大雨成災，魏軍不戰而退。

魏太和五年（西元二三一年），亮率兵圍祁山，時曹眞辭職，司馬懿繼爲統帥，懿自上邦（甘肅天水西南）馳援，亮分兵攻祁山，自率大軍迎懿，於上邦之東敗懿兵，懿乃守險不戰。六月，蜀軍供應不繼退兵。

魏青龍二年（西元二三四年），亮率衆十萬由斜谷（陝西郿縣西南）攻魏。四月，蜀軍至郿，駐紮渭水南岸，司馬懿引兵在渭南背水爲壘，堅守不戰。亮派兵屯田，以爲長期作戰。八月，亮積勞致疾，卒於軍，蜀軍退兵。

諸葛亮死後，蔣琬、費禕繼掌蜀政，姜維屢思北伐，但蔣、費二人持重，力主保境安民。迨蔣、費先後逝世，姜維乃於魏嘉平五年（西元二五三年）開始伐魏，攻戰連年，蜀軍不利。時後主信任宦官黃皓，蜀政漸壞。

魏景元三年（西元二六二年），姜維自洮陽（甘肅臨潭西南）防地返成都，請殺黃皓，後主不允，維懼而返回防地，後主與姜維隔閡益深。

司馬昭專魏政，見蜀政日非，乃於景元四年（西元二六三年）八月大舉伐蜀，鍾會任統帥，鄧艾、諸葛緒各率兵三萬進擊姜維，鍾會率軍十萬餘越秦嶺趨漢中。時姜維統兵五萬遠屯邊地，其餘四萬蜀兵須分守各地，兵力單薄，因此魏軍進展甚速。九月，鍾會下漢中，姜維引兵南退，扼守劍閣

（四川劍閣北）。十月，鍾會攻劍閣不下，軍食缺乏，準備退兵。

先是，姜維兵南撤，鄧艾進兵陰平，有小道可通劍閣以西百餘里的涪（四川緜陽），其地距成都三百里，於是率少數軍士自陰平鑿山通路，進抵江油（四川江油東），長驅直入。後主派諸葛瞻率兵拒敵，瞻戰死於緜竹（四川德陽北），魏軍進逼成都，後主劉禪乃降，子諶自殺。蜀漢共歷二世，國祚四十二年亡。姜維聞諸葛瞻敗，自劍閣還救成都，途中奉後主旨投降鍾會。

蜀亡後，姜維猶圖恢復，見鍾會有異志，勸會反，願爲前驅，而伺機殺會以復國。會信之，魏咸熙元年（西元二六四年），會陷殺鄧艾，並欲殺諸將代以親信，將士乃憤殺鍾會，姜維罹難。同年，魏遷後主往洛陽，封爲安樂縣公，恬然樂不思蜀。

（二）晉篡魏

魏明帝時司馬懿鎮守關中，西拒諸葛亮，東平遼東公孫淵。廢帝芳立，懿與曹爽同輔政。魏嘉平元年（西元二四九年），懿以計殺爽，自爲丞相，獨霸朝政。明年，懿卒，子師繼立，權益張，廢廢帝，另立高貴鄉公髦。

魏正元二年（西元二五五年），師卒，弟昭輔政，號文王。

魏甘露四年（西元二五九年），昭弒廢帝髦，另立曹操孫陳留王曹奐爲帝，是爲元帝，自爲相國，加九錫。魏咸熙元年（西元二六四年），昭進爵晉王。魏咸熙二年（西元二六五年）八月，昭卒，子炎嗣爲相國晉王。十二月，炎廢元帝篡魏，國號晉，是爲晉武帝，仍都洛陽。魏自文帝建國歷五世四十五年亡。由是魏、蜀、吳天下三分的鼎立之局，變爲晉、吳對峙之勢。

（三）晉滅吳統一中國

孫權治國，政績足稱，三傳至孫皓，暴虐無道，殘酷淫刑，國內變亂時起。蜀漢亡一年，吳勢孤危，賴名將陸抗鎮撫邊疆，苟安一時。迨陸抗死，吳勢益危。

晉咸寧五年（西元二七九年），武帝命大將王濬、杜預、王渾分自益州、荆州、揚州三道伐吳，連克江陵、武昌，直入建業。

晉太康元年（西元二八〇年），孫皓出降，吳歷四世五十八年而亡。

自是，中國自東漢末年州牧割據七十年之久的分裂局面，重歸統一。

二　朝鮮半島的新形勢與華人的渡日

魏晉之際，鮮卑族新起於遼西，掠有遼東西之地。曾武帝卽位之初，朝鮮半島的樂浪、帶方兩郡，尙能繼續對中國的交通，日本入貢中國的通路賴以維持。及晉惠帝司馬衷以後，五胡亂華，中國北方之土地，變成匈奴、羯、鮮卑、氐、羌等胡族割據稱雄之所，因之晉與樂浪、帶方聯絡中斷，而中日關係遂亦中斷一百四十七年之久（日本於晉武帝泰始二年入貢中國）。此時，朝鮮半島的政治形勢亦發生變化，半島上的小國家各依其形勢利害，而依附高句麗、百濟、新羅，於是朝鮮半島上形成鼎足而三的政治新姿態。至此，自漢武帝平定衛氏朝鮮四百年以來，漢人在朝鮮半島勢力，漸形消失。

由於朝鮮半島政治的變遷，漢人除部分返回中國大陸外，餘者多留居半島，服屬高句麗或百濟。或以日本爲海上樂土，故在應神天皇時代，大批東渡三島。據「應神紀」所載：當應神十四年（晉太康四年、西元二八三年），弓月君率領一百二十縣之人民至日，（據考證結果，秦人由來之地，多至百二十縣，當非全體縣民俱來。又據「漢書地理志」與「後漢郡國志」載，前漢之樂浪郡只二十五縣，後漢時只十八縣，故實在縣數亦未如應神紀所載之多）。自稱秦始皇之後，日史稱爲「秦部」，以秦太公爲之長，至今秦氏族，綿延繁殖，日本間人之姓秦者甚多。應神二十年（晉太康十年、西元二八九年），阿知使主、都加使主父子率十七縣之人民至日，自稱漢靈帝之後，日人稱爲「漢部」，其長或稱「漢直」。故「應神紀」說：「秦造之祖，漢直之祖參渡來也。」他們大多瞭解中國文化，和有一技之長的勝國遺民，因此，到達日本之後，頗受日朝野之重視，和貴族的禮遇。據「雄略紀」及「姓氏錄」二書所說：雄略時，秦人等有九十二部，一萬八千六百七十人。他們東渡之後，子孫繁殖，遂構成日本民族之一要素，不論從日本民族史上或者中日關係史上來說，這是一件重大事件，尤以他們曾受中國數千年文化的陶冶，到達日本之後，當然對日本文化以及國民思想有很大的啓發和灌注。其他如養蠶織物的傳授，促進了日本產業的振興，因而提高日本國民生活水準。漢字這時雖已開始由百濟傳到日本，可是日本人對漢字的學習，異常困難，所以政治上的事務，多委漢人處理，例如應神以阿知使主掌理文書。華人當時在日本擔任高職者，頗不乏人。應神三十七年（晉光熙元年、西元三〇六年），晉室八王之亂結束，應神天皇復派阿知使主及其子都賀使主至中國江南求女工，由高句麗人乃副久禮、波久禮志二人任嚮導，得兄媛、弟媛、吳織、穴織而歸。中國紡織之術，傳入日本，使日本人衣著，有劃時代的改良。

關於弓月君與阿知使主的史蹟，日史「三代實錄」、「姓氏錄」均有記述，可資參考。

三　中國文字經百濟再傳日本

中國文物習俗流傳日本，溯自箕子拓殖朝鮮半島之際，已開其蒿矢，至中國文字傳入日本，則在晉武帝開國之初，經百濟再傳日本。蓋朝鮮半島上的高句麗、百濟及新羅經秦漢以來中國文化的薰陶，一般文人學士的寫作，都能運用高尚典雅的中國文字，而政府的文書亦仿中國公文程式。

當日本應神天皇十五年（晉武帝太康五年、西元二八四年），百濟國王遣阿直歧入貢日本，其人精通漢學，應神天皇聘其擔任皇子菟道雅郎子之師，教授漢文。未久，阿直歧歸國，另薦百濟博士王仁以代，應神天皇於十六年（晉太康六年、西元二八五年）派荒田別、鹿我別至百濟往迎。王仁攜帶論語十卷、三國時魏鍾繇所著千字文一卷赴日（參考日史「應神紀」及「日本書紀」）。（按今日通行的千字文版本，係南朝梁國周興嗣所撰）此爲中國文字傳入日本之始。

四　五胡亂華與晉室南遷

（一）晉初政風窳敗

晉武帝襲曹魏之餘力，統一禹域，君臣上下驕矜自滿，奢侈腐敗。晉武帝耽於淫逸，平吳前嘗大肆採選公卿及良家子女，採擇未畢，禁斷婚姻，其無道爲前古所無；平吳後更納孫皓妓妾五千人，掖廷近萬人。而公卿大臣競以奢侈相尙，收賄聚斂，貪縱不法，政治大壞。石崇富甲朝臣，有姬妾百餘人，僮僕八百人，在金谷（河南洛陽西北）建別館，極花木園池之勝，日與友朋遊宴其中；嘗與外戚王愷鬬富，愷製紫絲布步障四十里，崇製錦步障五十里。勳臣外戚如何曾、王濟、羊琇、賈謐等，亦均奢侈貪汚；名賢杜預亦嘗賂遺權貴；故晉室立國之初，政治卽呈窳敗之象。

漢末以來，禁網嚴密，刑罰苛峻，識見高超之士多對政治消極，轉而埋首於老莊學說，談論玄理，不慕榮利，率情任性，形成清談之風。晉初士大夫羣起仿效，置身功名利祿之中，而高談出世玄學，附會風雅。此種集清高和卑汚於一身的作風，形成一批旣據高位，又無宦情，旣求聞達，又思隱遯的人物。晉初政權掌握在此輩手中，政治危機重重，而武帝迷戀聲色，始終無革新政治的決心，對勳貴又過分優容，晉政積弊日深，腐敗而暮氣。

（二）賈后亂政

晉武帝有感魏室孤立而亡，於是大封宗室子弟，授以軍政節鉞之權，以郡爲國，爲帝室藩輔。及武帝晚年，諸王各擁重兵，自除文武大吏，中樞大權旁落。

晉太熙元年（西元二九〇年），武帝崩，子衷卽位，是爲惠帝。惠帝癡騃昏愚，武帝在世時廷臣有認其不堪繼位，而武帝同母弟齊王攸孚眾譽，朝野傾心，惟武帝終不忍捨子立弟。惠帝既立，后賈氏乘機攬權。

賈后名南風，賈充繼室郭槐所生，充險詐，槐悍妬，賈后兼具父母雙重性格。晉武帝泰始八年（西元二七二年），立賈氏為太子妃，衷愛而畏之。衷為楊皇后所生，泰始十年（西元二七四年），楊皇后死，晉武帝於咸寧二年（西元二七六年）納楊皇后從妹（叔楊駿女）為后。惠帝立，駿以太傅輔政，駿弟珧、濟均居顯要，一門貴盛。駿性剛愎，以賈后難制，為鞏固權力，遂樹親黨統領禁兵，宗室諸王對楊駿所為多不滿。

宗室諸王是安定政局的主力。晉武帝分封諸王二十七人，其制以郡為國，食邑二萬戶為大國，置三軍，有兵五千人；食邑萬戶為次國，置二軍，有兵三千人；食邑五千戶為小國，置一軍，有兵一千五百人。初諸王在京師任官，晉咸寧三年（西元二七七年），晉武帝以其中若干人都督諸州軍事。同年，晉武帝加封若干皇子為王。平吳之後，晉武帝以州郡權重，易招變亂，乃於晉太康元年（西元二八〇年）裁撤州郡兵，大郡置武吏百人，小郡置五十人。刺史掌察舉，不再領兵；於是州郡武力幾形撤廢，而諸王膺任方面，權勢由一國延伸至一州。晉惠帝時，諸王與楊駿、賈后形成三大勢力，賈后政治野心甚熾，但為楊駿所抑而無法如願，於是利用宗室諸王力量牽掣楊駿。

晉元康元年（西元二九一年），賈后命楚王司馬瑋殺楊駿兄弟，楊黨數千人死難，廢楊太后為庶人。賈后旋以汝南王司馬亮為太宰，與太保衛瓘輔政。

晉元康二年（西元二九二年）六月，賈后不滿汝南王專斷，而楚王亦與之有隙，賈后乃假楚王殺汝南王及衛瓘。繼而賈后藉「專殺」罪委於楚王而殺之，於是朝政大權歸於賈后。

（三）八王之亂

太子遹爲惠帝妃謝氏所生，素受賈后嫉視。遹幼有令名，及長漸不好學，賈后更遣宦官誘之嬉戲，聲名日損。晉永康元年（西元三〇〇年），徙遹於許昌，太子無罪被廢，朝野同憤。賈后黨趙王倫時在京師，陰謀慫恿賈謐勸賈后早除太子。三月，賈后遣人毒殺太子。四月，趙王倫、梁王肜以復讎爲名，誅賈后。倫爲相國，謀篡位，遷惠帝於金墉。齊王冏起兵誅倫，自爲大司馬秉政，荒淫專恣。

明年，長沙王乂誅冏，奉惠帝以禮，頗得人心。成都王穎、河間王顒忌之，攻之屢敗。

晉永興元年（西元三〇四年），東海王越陰結殿中諸將，夜執乂畀顒軍殺之。穎爲丞相鎮鄴（河南臨漳），尋廢太子覃，自立爲太弟，顒爲大都督，越爲尙書令。穎專殺驕侈，一如倫、冏，諸將推越爲大都督討之，兵敗歸鎮。穎刼持惠帝遷鄴，幽州都督王浚與越弟騰以鮮卑及烏桓兵攻鄴。穎挾惠帝奔，顒將張方馳救，大掠洛陽，遷惠帝於長安。顒廢穎，立豫章王熾爲太弟。

晉永興二年（西元三〇五年），越討顒，顒使穎禦之大敗。

晉光熙元年（西元三〇六年），顒殺張方乞和，越不許，克長安。穎出走爲范陽王虓所殺。十一月，越弒惠帝，立武帝子熾，是爲懷帝。顒出奔，南陽王模殺之。

晉宗室八王覬覦神器之戰，前後達十六年之久，史稱「八王之亂」。八王指汝南王亮、楚王瑋、趙王倫、齊王冏、長沙王乂、成都王穎、河間王顒和東海王越。

晉室因家族糾紛而導致骨肉殘殺，結果國力削弱，邊事廢弛，士大夫又喜淸談，不務實際，朝政腐蝕。因而自漢、魏以還，降服中國而遷居內地的外族乘機竊據，自立政權，釀成中國史上的「五胡亂華」——板蕩中原的大禍。

（四）五胡的崛起

查五胡族別，舊史指匈奴、鮮卑、氐、羌、巴賨而未列羯族，蓋以羯爲匈奴別族，但巴賨族爲西南夷之一，居洛陽，習同氐，故或以爲氐。今日所指五胡，率以匈奴、鮮卑、羯、氐、羌，已爲史家公認。匈奴居山西境內；羯居上黨武鄉的羯室（山西東南境）；羌居隴東及關中；氐居隴南及陝西西南境；鮮卑居河北、山西北部及東北遼河流域。五胡貴族多已華化，平民仍保持固有的胡風。

（五）永嘉之亂

五胡之亂始於晉惠帝永寧元年（西元三〇一年），巴氐李氏倡亂西蜀。晉太安二年（西元三〇三年），李雄入成都。晉永興元年（西元三〇四年），雄自稱成都王，晉光熙元年（西元三〇六年）稱帝，國號成。時晉室諸王交兵，無力遠伐，梁、益、寧三州（陝南、四川、雲南、貴州一部地）遂爲李雄所據。

繼之，叛晉獨立的是匈奴族劉淵，淵父豹於晉武帝太康十年（西元二八九年）八月被封爲匈奴北部五都尉。晉惠帝時，淵進封為五部大都督。時成都王穎鎮鄴，以淵自隨。晉永興元年，王浚、東嬴公騰攻穎，淵請還部發兵擊敵，穎許之。淵歸，聚眾五萬叛晉獨立，繼稱漢王，都左國城（山西離石東北）。晉懷帝永嘉二年（西元三〇八年），劉淵稱帝，晉永嘉三年（西元三〇九年），徙都平陽（山西臨汾）。淵遣子聰等入寇洛陽，失利而回，而部將石勒、王彌（漢人）橫行於冀、青、司、豫、徐、兗諸州，所過殘破。晉永嘉四年（西元三一〇年），劉淵死，子和繼位。和性猜忌，擬殺大司馬劉聰，聰殺和自立。時關東大部為匈奴所有，洛陽危在旦夕。太傅東海王越自請討伐石勒，越率軍屯項（河南項城東北），重臣名將勁卒羅致以去，洛陽兵力益弱。

懷帝憤越專橫抗命，晉永嘉五年（西元三一一年）三月，密詔大將苟晞討之，越憂憤成疾而死，太尉王衍率軍護越喪經豫東還葬東海。四月，石勒自許昌追之，大破晉軍於苦縣（河南鹿邑東），晉軍死亡十餘萬人，晉室武力全部摧毀，王衍被殺，越棺被劈焚屍，王公大臣悉數被俘。時洛陽饑困，百官四散，人民流亡。六月，劉聰命石勒、劉曜、王彌率兵二萬七千進攻洛陽，晉軍連戰不利，洛陽遂陷，公卿士民死亡三萬餘人，太子詮被劉曜所殺，發掘諸陵，焚燬宮廟，晉懷帝擬奔長安，為曜所俘，送往平陽。劉聰繼遣劉曜等西取長安，殺南陽王模，聰乃以曜鎮關中。苟晞奉豫章王端建行臺於蒙縣（河南商邱東北），為石勒所擒。繼而石勒殺王彌併其眾，勢力益強。

晉永嘉六年（西元三一二年），晉安定太守賈疋、馮翊太守索琳及安夷護軍麴允等起兵，攻下長安，劉曜敗逃。疋等乃迎立秦王業為太子，建立行臺。

晉永嘉七年（西元三一三年）二月，劉聰歡宴羣臣，命晉懷帝青衣行酒，被俘大臣庾珉、王儁等在側悲憤號哭，聰惡而殺之，晉懷帝亦遇害。晉懷帝凶耗傳至長安，業卽帝位，改元建興，是爲愍帝。

其後，劉曜連年西攻，晉建興四年（西元三一六年），曜復攻長安，晉兵窮食盡，晉愍帝迫而出降。史稱「永嘉之亂」

（六）晉室南遷偏安江左

晉愍帝被俘，明年（西元三一七年），鎮守建業（南京）的晉宗室琅邪王睿爲臣下擁立爲晉王，改元建武。

先是，惠帝末，東海王越以睿爲平東將軍，鎮下邳（江蘇邳縣東），懷帝初移鎮建業，以王導爲謀主，推誠信任；並汲引吳地名賢顧榮、賀循等，以固結人心。及洛陽失守，中原人士南來甚衆，睿延攬賢能，以襄政事。爲政淸廉，不竭民力，由是南方諸州次等歸附。晉愍帝卽位，以睿爲丞相。建武元年冬，晉愍帝遇害於平陽，翌年三月，睿繼承帝位，改元大興，是爲晉元帝。晉政權重建於江南，偏安江左，與北方五胡諸國對峙。史稱武帝至愍帝四世爲西晉；晉室南遷後稱東晉。西晉始於武帝泰始元年，終於愍帝建興四年，凡五十二年。

晉室政權南遷，中原人民不堪胡人迫害，相率南下，史稱「流人」，道途流離極人世間之慘痛。據「劉琨傳」說：「流移四散，十不存二，攜老扶弱，不絕於路。及其存者，鬻賣妻子，生相捐棄，容儁傳」說：「自頃中州喪亂，連年積兵。或遇傾城之敗，覆軍之禍，坑師沉卒，往往而然。孤孫煢子，十室九空。兼之三方岳峙，父子異邦，存亡吉凶，沓成天外。孝子糜身無補，順孫心喪莫及。」流人遭遇之慘甚矣。

死亡委厄，白骨橫野，哀呼之聲，感傷和氣。羣胡數萬圍匝四山，動足遇掠，開目覩寇。」又據「慕

（七）十六國的割據

晉室南遷，中原文化之區，驟成五胡割據殘殺的大本營，主要的割據勢力有十六國，故稱「十六國時代」。十六國爲匈奴族劉淵的前趙（本號漢，東晉元帝大興元年，改號趙）、羯族石勒的後趙、鮮卑族慕容廆的前燕、鮮卑族慕容垂的後燕、氐族苻洪的前秦、羌族姚萇的後秦、鮮卑族乞伏國仁的西秦、氐族呂光的後涼、鮮卑族禿髮烏孤的南涼、匈奴族沮渠蒙遜的北涼、匈奴族赫連勃勃的夏、氐族李雄的成漢、漢人馮跋的北燕、張軌的前涼與李暠的西涼。

五胡十六國在北方紛擾一百三十五年，至南朝宋文帝元嘉十六年（西元四三九年）始爲鮮卑族拓跋燾的北魏所統一。

五　前燕對高句麗册封始末

東晉時代，鮮卑族所建的前燕對高句麗的征伐，是中古時代中韓關係的一件大事，高句麗因懲前燕的痛擊而臣服，因而約有二百七十一年長久時間（東晉成帝咸康八年至隋煬帝大業九年），不敢在

中國邊境釁事。

（一）前燕的建國

前燕爲鮮卑族人建立的國家，其族本居於遼西、遼東塞外。東漢和帝時，竇憲大破北匈奴於金微山（今外蒙與西伯利亞界上），匈奴族人即據西域，建悅般國於裏海東。鮮卑人以北匈奴人新敗，乘機侵佔其地，而北匈奴餘衆十餘萬亦自號鮮卑，鮮卑族聲勢由此大盛。自東漢和帝永元九年（西元九十七年）至東漢順帝陽嘉二年（西元一三三年）三十七年，鮮卑族人平均隔歲入寇，而以漁陽、雲中、代郡受害最重。其後二十年鮮卑人忽消聲斂跡。及檀石槐統一散漫的鮮卑部落，盡取匈奴舊地，從此匈奴、鮮卑混雜，不易區分。檀石槐所建帝國，分爲三部：東部從右北平至遼東，接扶餘、濊貊；中部從右北平以西至上谷；西部從上谷以西至敦煌。槐東侵扶餘以及日本，南犯漢邊，西擊烏孫，北拒丁零。他在東侵日本曾俘日人千餘，遣至「秦水」，令他們捕魚，以補糧食不足。

自東漢桓帝永壽二年（西元一五六年）至東漢靈帝光和四年（西元一八一年）二十五年間，檀石槐歲時來犯，時或勾結南匈奴爲禍益烈；北邊州郡東起遼東，西至酒泉無不遭其蹂躪。東漢桓帝爲安撫計，於延熹九年（西元一六六年）遣使持印綬封檀石槐爲王，但爲其所拒。東漢靈帝熹平六年（西元一七七年），檀石槐遣三萬騎兵自高柳、雲中、雁門三地會師入寇，漢軍迎擊敗績，存者十不一二。漢因鮮卑頻年入侵，已至和戰兩窮之境。幸檀石槐死後，鮮卑帝國分裂爲二，其勢亦趨衰微（參考張蔭麟著中國上古史綱）。

及曹魏之時，鮮卑族慕容廆之曾祖從司馬懿征伐有功，拜率義王，始建國於棘城（今遼寧義縣）。西晉懷帝永嘉元年（西元三〇七年），慕容廆自稱鮮卑大都督。及西晉亡，廆上表元帝勸進。東晉大興四年（西元三二一年），東晉元帝授廆爲平州牧遼東公。東晉成帝咸和元年（西元三二六年）廆卒，其子皝立。東晉成帝咸康三年（西元三三七年），皝自稱燕王。東晉咸康七年（西元三四一年），東晉成帝封皝爲燕王，建都於龍城（今熱河朝陽）。（前燕全盛時期，據有山東、河北、河南的全部，及江蘇、安徽、山西、熱河、察哈爾、遼寧的一部，與朝鮮半島的北部）。

（二）前燕侵略高句麗

崛起於高句麗西北的前燕，早蓄侵併高句麗之志，當西晉惠帝元康三年（西元二九三年）、元康六年（西元二九六年），慕容廆先後遣師侵襲其地。

此時，高句麗天災，戰禍連年，民不聊生，烽山王不恤民困，反大興土木，國內怨聲載道。宰相倉助利乃廢烽山王，而迎立王弟咄固之子乙弗繼位，是爲美川王。

高句麗乘西晉永嘉之亂後，中國政局動蕩之際，於西晉愍帝建興元年（西元三一三年）侵併樂浪、帶方二郡。而前燕自慕容廆死後，國勢日強，慕容皝因妬高句麗領土日廣，乃於東晉成帝咸康八年（燕王皝九年、高句麗故國原王十年、西元三四二年），分師兩道侵伐高句麗，慕容皝自率精兵出南道，另命長史王寓率兵一萬五千出北道，會師往攻。高句麗故國原王（名釗，美川王之子）拒之敗績，單騎逃走。前燕軍破丸都，縱火焚城，並掘美川王墓，又囚故國原王母妻，俘男女五萬餘人及美川王屍骸而還。故國原王俟前燕撤師，返歸丸都，已是國破城毀家亡，乃遷都國內城，以圖規復。

（三）高句麗稱臣入貢前燕

東晉穆帝永和四年（西元三四八年），慕容皝卒，其子儁立。高句麗故國原王於東晉永和十一年（燕王儁元璽四年、高句麗故國原王二十三年、西元三五五年）遣使前燕納質稱臣修貢，並請求燕王儁釋放其母及妻，儁許之，爲勉高句麗效忠，特授故國原王「征東大將軍、營州刺史」之職，並封「樂浪公」，此爲中國對高句麗冊封之始。

六　百濟朝晉

百濟自古爾王於魏廢帝正始七年（西元二四六年），乘樂浪、帶方二郡太守出師支援幽州刺史毌丘儉征伐高句麗之際，偷襲樂浪爲魏軍擊敗，以及西晉惠帝永興元年（西元三〇四年）樂浪太守暗遣刺客刺殺百濟汾西王之後，百濟與中國鮮少接觸。

東晉廢帝太和五年（百濟近肖古王二十五年、高句麗故國原王三十八年、西元三七〇年），前秦苻堅攻克前燕都鄴（燕王儁略取後趙地，自龍城遷都於此，地在今河南臨漳），燕王慕容暐被執，前燕遂亡。高句麗以西北強敵已除，而國力恢復，故國原王爲拓展疆土，親率步騎二萬南侵百濟的雉壤，惟此時正當百濟國勢最盛時期，近肖古王命太子領軍迎擊，大破高句麗軍俘獲五千餘衆。

東晉簡文帝咸安二年（百濟近肖古王二十七年、高句麗故國原王四十年、西元三七二年），高句麗再犯百濟，近肖古王伏兵於浿水（今大同江）又破之。同年冬，百濟近肖古王率太子以精兵三萬進襲高句麗的平壤，故國原王中流矢而死。百濟於勝利後遷都北漢山（今漢城），並遣使朝晉，簡文帝授近肖古王爲「鎮東將軍」領樂浪太守之職。

七　日本侵新羅

東晉哀帝司馬丕時代，日本神功皇后率師越海登陸朝鮮半島侵略新羅，新羅奈勿王降日，並以其子波珍干岐微叱已知爲質，神功皇后留大矢田宿禰鎮守新羅而還。此役日韓舊史記載不詳，惟據林泰輔的「朝鮮通史」所載：「新羅奈勿王九年（東晉哀帝興寧二年、西元三六四年），倭大舉侵新羅，王懼，造草偶人數千，或指此役。」

八　百濟服屬日本

當日本征服新羅之後，百濟近肖古王即臣服於日。三傳至辰斯王，日本因失其禮，乃於東晉孝武帝太元十七年（西元三九二年）遣俠紀角責之，百濟人懼日本來伐，殺辰斯王以謝罪，日使俠紀角乃立枕流王之子阿花爲王，百濟淪爲日本的附庸。神功皇后於任那（大耶加羅）置日本府，以重臣駐劄，統制新羅、百濟、任那軍國事務。故高句麗廣開土王「好太王碑」有謂「日本在四晉（紀）之末，曾使侵加羅、百濟、新羅」。可知日本在四世紀末葉，拓展事業進展甚速，朝鮮半島東南部已爲其勢力範圍矣。

至日本神功皇后與倭女王卑彌呼是否爲同一人，中日史家意見殊不一致，例如日人星野的「日本國考」指卑彌呼爲邪馬臺的女酋（按日人內籐氏與富岡謙藏均以邪馬臺卽大和），而內籐氏的「卑彌呼考」則以卑彌呼爲垂仁天皇之女倭姬命，但太田亮氏則指卑彌呼爲大和朝廷的屛藩而僭稱大倭王者，是知卑彌呼與神功皇后實爲二人。惟「日本書紀」指謂卑彌呼卽神功皇后，而時人王婆楞氏的「歷代征倭文獻考」，以中日紀年互證，認爲神功皇后卽卑彌呼。然據筆者所知，日本歷史紀年，在三十三代推古天皇以前，多錯亂不足徵，及至推古天皇遣小野妹子使隋，日本紀年始與中國史籍年代相符。是則王氏所註魏明帝景初二年，所頒卑彌呼詔書，爲神功皇后三十八年（西元二三八年），而相隔一百二十六年後又出現日本神功皇后征伐新羅，以常識判斷人類無此長壽，神功皇后旣於一百二十六年前入貢於魏，當不可能於一百二十六年後涉海親征新羅，是則神功皇后與卑彌呼是否同爲一人，自可得一解答。

九　佛教經前秦東晉傳入高句麗百濟

（一）佛教的傳入中國光盛昌行於東晉

佛教是印度迦比羅（Kapilavastu）小國王子釋迦牟尼（Saky muni）所創。釋迦是氏族名，牟尼之義爲仁，釋迦牟尼義卽釋迦族的仁者。本名瞿曇悉達多(Siddattha Gautama)，生於西元前五五七年。

瞿曇悉達多悲世人生、老、病、死苦難，憤印度婆羅門階級專橫，遂以拯救世人爲己任，年二十九棄家修行，歷訪各派哲人，尋求眞理。其後，絕食苦思，喪失健康。年三十五，至佛陀伽耶（Buddha Gaya）菩提樹下靜思四十九日，恍然大悟，遂創佛教。佛教教義以慈悲忍辱，寂滅無爲，認衆生平等；人間物質享受都屬虛空，貪嗔愛癡等情欲都是孽障。又以苦行和祭祀都屬無謂，應鍊心修行，以達不生不滅大澈大悟妙境，即是無上等正覺，即所謂「涅槃」（Nirvana）。由於佛教教旨一本平等主義，無貴賤貧富之別，一時皈依者極衆，其教大行。嗣得摩揭陀（Magadha）王供養，勢力大增，而摩揭陀國亦成新興佛教中心。釋迦牟尼說法四十餘年，西元前四七七年去世，享壽八十歲。

同年，釋迦牟尼大弟子摩訶迦葉（Maha Kasyapa）會佛教徒五百人於王舍城毘波羅（Vachara）山，編纂佛教經典，此爲第一次三藏結集（宗教大會）。一百年後，七百教徒在毘舍離（Vaisali）舉行第二次三藏結集，訂正經典。西元前二六九年，摩揭陀國孔雀王廟（Maurya）阿育（Asoka）王明定佛教爲國教，在國都華氏（Pataliputra）召開宗教大會，確定教旨，遍諭國民，這是第三次三藏結集。同時阿育王又遣傳教師往各地傳教；南至師子（錫蘭），西達埃及，北抵巴爾幹半島。一時亞、非、歐三洲均有佛教徒足跡，成爲世界重要宗教之一。

西元前一八四年，摩揭陀國孔雀王朝爲松伽朝（Sunga）所滅，印度佛教勢力隨之衰落，婆羅門教因而復興。此時中亞黃種人大月氏興起，對宗教的態度極其寬大，於是印度佛教徒多避往大月氏。大月氏王迦膩色迦（Kanishka）崇信佛教，乃於罽賓召開第四次佛教大會，用古梵文纂訂佛教經典，佛教遂大盛於中亞。

先是，孔雀王朝阿育王遣王子偕傳教師至師子國傳教，師子國王率臣屬六千人皈依佛教。當大月氏王迦膩色迦開第四次佛教大會前，師子國亦招開佛教大會，西印度高僧龍樹蒞會闡揚佛教教義，於是南方佛教遂以師子國爲大本營。及迦膩色迦開第四次大會，南印度佛教徒並未參加，佛教從此分爲南北兩派；南派以師子國爲中心，傳教於南洋羣島；北派以大月氏爲中心，經西域傳入中國。

漢武帝遣張騫通西域後，中國與中亞交通日繁。漢哀帝元壽元年（西元前二年），博士弟子秦景憲從大月氏王口受浮屠經，此爲佛經傳入中國之始。東漢明帝永平八年（西元六十五年），明帝夢金人有白光飛行廷殿，或曰：「此西方之佛」，東漢明帝乃使蔡愔至大月氏求佛像，寫佛經。東漢永平十年（西元六十七年），蔡愔得佛經四十二章，偕僧攝摩騰、竺法蘭返國，明帝在洛陽建白馬寺，使愔等譯經，此爲北派佛教傳入中國之始。

佛教傳入時，楚王英率先信奉，繼而流傳於王公士大夫間，民間信仰殊少。迨東漢桓帝信佛，在宮中立黃老浮屠，祀以佛典，是爲老釋並尊之始，佛教流傳漸廣。西域僧侶接踵而來，弘揚佛法，翻譯經典，自東漢明帝至獻帝一百三十二年間，共譯佛經律二百九十三部，三百九十五卷。唯個人出家修行，尚定爲禁律。

魏晉以降，北方蠻族南下，戰亂年年，民生疾苦，亂世中人對佛教「出世超塵」，別尋「樂土」的教義心嚮往之，而當時帝王崇佛者亦多，於是佛教在中國迅速流行。自是，向來以崇尚儒道（按自東漢張陵創道教，魏晉以後儒道相雜，淸談風盛）兩種人生哲學的中國，另添一新生的主力，佛教成爲中國文化的重要元素。

自佛教傳入中國，促使東方文化的兩個中心（東亞的中國與南亞的印度），合而成爲一大潮流，推波助瀾，蔚成異彩。西域高僧或由陸路抵達中國北部，或經海道馳往中國南部，傳播佛教教義，眞是人才薈萃，盛極一時。而中國僧人前往西域或印度處求佛經亦絡繹不絕，其中最負盛名的是東晉高僧法顯，他於安帝隆安三年（西元三九九年）偕僧者數人入西域遍三十餘國，而至南天竺（印度），留學三年研究梵文，後又往師子國，同伴僧者死，凡十五年而還，著有「佛國記」，爲佛教重要文獻。

佛教在東晉時代，已光盛昌行於中國，卽使是北方的胡族亦多篤信佛教，蔚然成風。而佛教亦於此一時代傳入高句麗與百濟，爲其國人所信奉。

東晉十六國時代，五胡胡主大都崇佛；譬如趙石勒與石虎尊崇佛圖澄；前秦苻堅尊崇釋道安卽爲例證，由於佛教高僧的感化，使北方胡族的殘忍行爲逐漸改善；如佛圖澄甫抵鄴（今河南臨漳），石虎的殺戮驟然減少，洮池塔一放光，苻堅的罰刑隨而減輕，凡此可窺胡主崇佛之一斑。

（二）前秦送佛經至高句麗

當東晉孝武帝寧康元年（秦王苻堅建元九年、西元三七三年），前秦遣使送浮屠順道及佛經至高句麗，繼有僧阿道亦往說法，高句麗小獸林王興建肖門寺與伊弗蘭寺，分請順道、阿道主持，此爲佛教傳入朝鮮半島半部北部之始。及苻堅於東晉孝武帝太元二年（秦王苻堅建元十三年、西元三七七年）春，統一北方諸國，聲勢浩大，高句麗及新羅卽遣使前來入貢。

（三）東晉佛教傳入百濟

東晉孝武帝太元九年（西元三八四年），胡僧摩羅難陁自東晉入百濟傳播佛法，百濟枕流王迎入宮內，待以上賓。翌年，百濟創佛寺於漢山，摩羅難陁爲百濟人度僧十人，此爲佛教傳入朝鮮半島南部之始。

十　晉代中國文化對高句麗百濟新羅的影響

（一）高句麗致力吸收中國文化

高句麗承箕氏朝鮮與衞氏朝鮮故壤，在中國兩晉時代，是朝鮮半島北方的大國，人民尚武，民性強悍，但政府對中國文化亦致力吸收，頗具績效。

東晉簡文帝咸安二年（西元三七二年），高句麗小獸林王模仿中國教育制度，設立太學，教育子弟。

高句麗文字以漢字爲主，從出土的「永樂好太王碑」可資證明。按「永樂」係朱蒙（高句麗的創國者）十九世孫廣開土王之別稱，一名「好太王」，其正稱應爲「國岡上廣開土境平安好太王」，是高句麗歷史上的英雄人物。他當東晉孝武帝太元十七年（西元三九二年）卽位，時値百濟辰斯王見責於日本，廣開土王乘機率兵四萬攻百濟，會戰漢水，克百濟石峴等五十餘城。在位二十三年逝世，其子長壽王爲紀念乃父偉業，於長壽王二年特立「永樂好太王碑」以誌其事。在淸德宗光緒十年（西元一八八四年），由日人在中國東北的安東省輯安縣洞溝掘出，爲四角形之花岡石，高一丈八尺，南北兩面廣五尺七寸，東西兩面廣四尺五寸，四面皆刻字，字體八分，漢文書法造詣精湛。另在輯安東岡蕪線溝（當鴨綠江洞溝平原）王太陵千秋冢一帶亂石堆中，所發現的磚銘，其上有「願太王陵安如山固如岳」、「千秋萬歲永固」、「保固乾坤相畢」文字，相傳卽爲廣開土王死後所建，銘上字體介乎漢、晉之間，可知晉代中國文字盛行高句麗一斑。

東晉安帝義熙九年（西元四一三年），高句麗廣開土王仿照中國典制立國社、修宗廟。

（二）百濟模仿中國教育制度

百濟枕流王於東晉孝武帝太元九年（西元三八四年），亦依照中國教育制度設立太學。

（三）新羅輸入中國習俗

新羅則將晉代中國民間風行的三月上巳「曲水宴」（按昔三月三日，文人置杯於環曲流水中，賦詩遊樂。鄭國之俗三月三日上巳之日，於溱、洧二水之上，執蘭招魂，祓除不祥。曲水者，引水環曲爲渠以流酒杯而行焉。）輸入國內，而普遍流行新羅民間。

十一　日本對西晉的入貢

晉武帝即位之後，日本繼續遣使入貢。據「晉書武帝紀」說：「二年，十一月乙卯，倭人來獻方物。」此當日本神功皇后六十六年（西元二六六年）。

十二　日本中斷朝晉的原因

日本在晉武帝泰始二年，一度入貢在案，惟此後一百四十七年的長久時間，中國史冊未見記載有關日本的遣使。考其原因，在第三世紀末，五胡亂華，鮮卑族新起於遼西；掠有遼東西之地，使晉室與朝鮮半島領土的樂浪、帶方斷絕聯絡，因之中日交通受阻。而朝鮮半島的形勢亦有變化，三韓已亡，半島出現高句麗、新羅、百濟鼎足三分的局勢。

十三　東晉的北伐中原與日本的恢復遣使

東晉元帝即位後，任王導爲相，立了安定江南的政策。這時北方的胡族，如前趙的劉曜，後趙的石勒，彼此相攻，無暇南略。同時晉室負責軍政的人，如祖逖、陶侃等，都是志在恢復中原的人。雖然未能善用江南士氣，造成偏安之局，但是東晉局面總算穩定下來。

東晉穆帝時，桓溫北伐中原，大破氐族苻氏的秦軍，收復洛陽。父老感泣說：「不圖今日復見官軍」，仰望王師之殷，於此可見。晉軍乘勝繼往漢南開拔，桓溫眼見昔日手植的楊柳，已綠葉成蔭，不禁感慨的說：「樹猶如此，人何以堪？」桓溫雖力挫敵鋒，終因缺乏實力，諸所得地，未幾復失。

桓溫死後，謝安執政，募勁旅組軍，號稱「北府兵」；精銳無比，淝水一戰，大敗苻堅。日本仁德天皇於此時派遣使臣來晉，據「晉書安帝紀」說：「九年，是歲高句麗、倭國及西南夷，銅頭大師並獻方物。」這已是東晉末期，安帝九年（公元四一三年）的事了。

日本自晉武帝開國來華朝獻起，至安帝九年，恢復遣使入貢止，歷時一百四十七年斷絕通使關係。個中原因，固如前述，但是晉室的受困於五胡十六國的擾亂，不無對日本遣使來華有所影響。在此時期內，日本也在對外經略，據高句麗「廣開土境好太王碑」所載：日本在四世紀之末，曾侵加羅、百濟、新羅。

東晉安帝十四年（西元四一八年），晉室復派大將劉裕北伐，先克洛陽，後克長安，征滅後秦，聲威轉壯。日本亦曾通使，惟晉書未載，但「南史東夷傳」則稱：晉安帝時，有倭王讚遣使朝貢，當指上述二事。

拾陸　南北朝中國與高句麗百濟新羅日本的關係

一　東晉的滅亡與南北朝的對峙

（一）劉裕篡晉

東晉謝玄的「北府兵」，於孝武帝太元八年（秦王苻堅建元十九年、西元三八三年）之淝水一戰，大敗前秦苻堅「投鞭可以斷流」的南侵步兵六十萬、騎兵二十七萬，國勢一振，中興之機在望。惜以江左君臣陶醉偏安之局，反攻機運因循消失。

東晉安帝義熙元年（西元四〇五年），大將劉裕都督軍務，左右朝政。劉裕風骨不常，志圖恢復中原，既平桓玄之亂，全局在攬，遂積極策劃北伐大業。自淝水戰後，北方分裂爲十國，以南燕、後秦最強，於是劉裕先伐南燕、後秦。

東晉義熙五年（西元四〇九年）四月，劉裕帥水師自淮河入泗水伐南燕。臨朐一役大破燕兵，燕主慕容超退守廣固（山東益都），劉裕築長圍堅守。

東晉義熙六年（西元四一〇年）二月，劉裕猛攻廣固，南燕宰相悅壽開城投降。慕容超突圍出走，爲劉裕追獲，送往建康斬首，並殺王公以下三千人，南燕遂亡。迨盧循亂起，劉裕引師南歸剿討。

東晉義熙十二年（西元四一六年），劉裕以劉穆之居東府留守建康，總攝內外，八月，督軍北伐後秦。十月，檀道濟克洛陽。

東晉義熙十三年（西元四一七年）四月，劉裕由彭城入洛陽。八月，王鎮惡領水師自黃河入渭水陷長安，後秦主姚泓降。九月，劉裕入長安，將姚泓解送建康斬首，後秦亡。

劉裕滅後秦，西秦及後涼相繼請降。劉裕擬以長安爲據點，進圖魏、夏，適劉穆之去世，劉裕恐後方生變，而將士亦久役思歸，遂於十二月匆匆東歸。繼而關中鎮將內訌，東晉義熙十四年（西元四一八年）十一月，夏主赫連勃勃乘機南攻，陷長安。裕命鎮守關中的義眞（裕子）東歸，夏軍追擊，晉軍大潰，關中之地得而復失。而裕部精銳大部喪失，裕以一時無力北伐，乃亟謀篡晉。同年，劉裕鴆弒安帝立恭帝。

東晉恭帝元熙二年（西元四二〇年），劉裕廢恭帝篡晉自立，改國號爲宋，是爲宋武帝。東晉立國傳十一世，一百零二年亡。

曹魏之篡漢與司馬晉之篡曹魏，雖創中古國史之惡例，但篡位之君僅廢故主而不弒，但自劉裕篡晉弒帝之例開，從此禪位之君生命不保。其後，蕭道成篡宋，弒宋廢帝而建齊；蕭衍篡齊，弒齊和帝而建梁；陳霸先篡梁，弒梁敬帝而建陳，無非因果循環，怨怨相報。

（二）南北朝的對峙

宋武帝劉裕篡晉自立，稱雄南方北方；而仍是列國並立的局面，胡族所建國家，尙有北魏、夏、北涼、北燕等國，直至宋文帝元嘉十六年（西元四三九年）北方諸國始爲北魏太武帝統一，「五胡十六國」時代至此告終，國史進入民族競爭南北對峙的政治形勢；南朝有宋、齊、梁、陳的嬗遞，建國於中國南方，都建康（南京）。北朝有北魏、北齊、北周的更替，建國於中國北方，北魏初都平城（山西大同東），後都洛陽；北齊都鄴（河南臨漳）；北周都長安。其間歷時一百六十九年，史稱「南北朝時代」。南朝稱北朝爲「索虜」，北朝稱南朝爲「島夷」。

南北朝的競爭互有勝負，宋初，與北魏以河爲界，後北魏漸強，河南、淮北及江北等地爲魏所據，至陳朝時演變爲畫江爲界。由疆域的伸縮，可知北強南弱，蓋南朝自宋武帝以降，不知作育人才，但以誅除異己爲得計，而齊蕭道成、梁蕭衍及陳陳霸先勳業不著，且篡弒相繼，變亂時起，民力物力盡耗於內亂。

二　高句麗百濟新羅交好中國南北朝動機

高句麗與百濟兩次戰爭（見第十五章），兩國積怨日深，爲求自保，雙方乃向中國南北兩政權竭力修好，稱臣入貢，一則可消除外憂，二則可挾外力以自重，三則展開對外侵略，（新羅此時交好中國，目的似在一、二兩點），故林泰輔亦謂：「高句麗自長壽王十五年遷都平壤後，歷文咨、安藏、安原、陽原、平原諸王，至嬰陽王之初，對中國專取和平主義，此蓋欲向南方之新羅、百濟、大加侵略之故也。」（朝鮮通史）已明言高句麗交好中國之動機矣。至所謂「對中國專取和平主義」，其方式卽採取雙邊外交政策，左右逢源於中國南北政權之間，以達其政治目的而已。

三　高句麗的雙邊外交

高句麗是朝鮮半島三國中，首先運用「雙邊外交」，結好中國南北政權，最獲成功的國家。宋武帝劉裕卽位，稱雄南方。宋永初元年（高句麗長壽王八年、西元四二〇年），高句麗長壽王遣使來貢，宋武帝頒以「都督營平州諸軍事、散騎常侍、鎭東大將軍、高句麗王、樂浪公」冊號。宋文帝劉義隆元嘉十六年（北魏太武帝太延五年、高句麗長壽王二十七年、西元四三九年），北魏統一中國北方，聲威大震，高句麗爲敦睦此北方大國，卽遣使朝魏，以資攏絡，魏太武帝拓跋燾封長壽王爲「都督遼海諸軍事、鎭東將軍、領護東夷中郎將、遼東郡開國公、高句麗王」。高句麗於同年將其國都自國內城遷往王儉（今平壤），蓋新都距離中國大陸較近，輸入中國文化較易，且更便利執行其南下政策（侵略百濟）。長壽王爲厚結北魏，「歲致黃金二百斤、白銀四百斤」（魏書），並與北魏和親，甚至一歲四朝，北魏對高句麗亦頗優禮。

同時，高句麗對南朝劉宋亦保持和諧的外交關係，遣使朝獻。

宋元嘉十七年（新羅納祇王三十四年、高句麗長壽王二十八年、西元四四〇年）七月，高句麗邊將狩獵之際，爲新羅阿瑟羅城主殺害，長壽王卽興師問罪，百濟毗有王出兵支援新羅，並乞師北魏，北魏因與高句麗交睦，未允所請（此卽高句麗外交上成功），結果新羅訥祇王向高句麗致歉了事，長壽王雖不滿百濟從中作梗，惟以此時百濟國勢方盛，未敢擴大事態，就此收場。

宋明帝劉彧泰豫元年（西元四七二年），百濟蓋鹵王（即餘慶）遣使入宋及北魏，請兩國協助討伐高句麗。高句麗獲悉百濟乞師情報，即遣僧道琳往百濟從事滲透工作。據「朝鮮史略」說：「初，浮屠道琳應募，僞得罪亡入百濟。王（指蓋鹵王）好碁，琳曰：『臣碁頗入妙』，王召與碁，果國手，遂信昵之。琳乃說王：『葺城郭，修宮室，蒸土作城，作石槨築父骨。』倉廩虛竭，人民窮困，琳逃還告之。」於是長壽王乘百濟勢蹙，於宋廢帝劉昱元徽三年（西元四七五年）親率精兵三萬往攻，圍北漢山，七日下之，縛蓋鹵王殺之，洗雪一百零三年前曾祖故國原王爲百濟近肖古王殺害之仇。

其後，高句麗歷代君主對中國南北朝諸帝，依然沿用雙邊外交政策，左右逢源，獲益不尠。

四　日本上書宋順帝制裁高句麗侵犯百濟

百濟前於日本神功皇后征服新羅之際，即服屬日本。宋廢帝元徽三年，高句麗侵犯百濟，日本雄略天皇以百濟保護者身分，遣使上書宋順帝劉準，抗議高句麗侵略行動，並請宋順帝施於制裁。日本雄略天皇的國書，於宋順帝昇明二年（日本雄略天皇二十二年、西元四七八年）送達南朝宋都建康（今南京），國書內容是：

「封國偏遠，作藩於外。自昔祖禰（按公羊傳云：生稱父，死稱考，入廟稱禰，祖禰應作先祖先宗之意）躬擐甲冑。跋涉山川，不遑寧處。東征毛入五十五國，西服衆夷六十六國，渡平海北九十五國。王道融泰，廓土遐畿。累葉朝宗，不愆於歲。臣雖下愚，忝胤先緒，歸崇天極。道逕百濟，裝治船舫。而句驪無道，圖欲見吞。掠抄邊隸，虔劉不已。每致稽滯，以失良風。雖曰進路，或通或不。臣亡考濟（按即允恭天皇），實忿寇讎。壅塞天路，控弦百萬，義聲感激。方欲大舉，奄喪父兄（按即允恭天皇、安康天皇），使垂成之功，不獲一簣。居在諒闇，不動兵甲，是以偃息未捷。至今欲練甲治兵，申父兄之志。義士賁虎，文武效功。白刃交前，亦所不顧。若以帝德覆載，摧此強敵，克靖方難，無替前功。竊自假開府儀同三司，其餘假授，以勸忠節。」（南史夷蠻傳）

從日本國書內容，可瞭然雄略天皇旨在申援百濟而對高句麗的一種示威，又以高句麗服屬於宋，故日本欲假宋以制裁高句麗。按日本於南朝宋武帝永初二年（日本允恭天皇十年、西元四二一年）開始，即遣使朝貢中國，並接受宋武帝所頒將軍封號，中日邦交關係友好。其後歷南朝齊梁二代，日本通好中國如故。

五　百濟的雙邊外交

百濟蓋鹵王被高句麗軍所殺，其弟文周王即位，將國都自北漢山遷至熊津（今忠清南道公州）。翌年（宋廢帝元徽四年、西元四七六年）遣使朝宋，惟高句麗封鎖百濟入宋海道，不予通行。及蕭道成篡宋（西元四七九年），建立齊國，此時，百濟由東城王主政，國勢漸萎，東城王聞高句麗長壽王受齊冊封，亦欲上表通聘，請准內屬，但高句麗一再留難。

百濟聖王卽位之初，不堪高句麗侵襲，將國都自熊津遷往泗沘（今忠淸南道扶餘）。百濟聖王二十九年，大舉進攻高句麗，收復蓋鹵王時代所失漢江流域六郡失地，惟國力疲弱，無力治理。明年，新羅眞興王乘機派兵進駐，置新州。百濟聖王怒新羅侵佔其地，親督步騎五千襲擊，反遭新羅兵擊殺，自是，百濟國勢日下。

百濟以強敵當前，爲救亡圖存，乃展開對北魏外交，但因高句麗對魏外交成功（按魏「置諸國使邸，齊第一，高句麗次之」便可概知魏對高句麗的重視），無法與之爭衡，於是轉而傾向南朝，假南朝之力以抗高句麗。待蕭衍簒齊（西元五〇二年）建立梁國，百濟卽對梁親善。梁武帝蕭衍天監六年（西元五〇七年），梁師大敗北魏軍於鍾離之後，江南太平，而文物之盛冠南朝，百濟益加積極推動親梁外交。

梁武帝是具有儒家素養與藝術愛好的君主，他佞佛之深，亦爲中國歷代君主所少見，他在梁大通元年（西元五二七年）至梁太淸元年（西元五四七年）二十年間，曾三度捨身同泰寺，每次由羣臣捐錢億萬爲其贖身，卽可概見。百濟爲贏得梁武帝歡心，盡心摩擬武帝崇佛心理，自梁普通二年（西元五二一年）起，屢起遣使入梁，請頒涅槃經義，請派毛詩博士、工匠、畫師，梁武帝無不欣然應允。由是南朝文物與儒佛兩教思想源源輸入百濟，不僅促進百濟的華化，且更由百濟傳入日本，促進日本文化的革新。

自後，陳霸先簒梁（西元五五七年），建立陳國，百濟一仍來朝。百濟對北朝的北齊、北周雖通使入貢，以達其雙邊外交目的，但顯然百濟對南朝外交（特別是對梁外交）是較爲成功。

六 新羅的雙邊外交

新羅自東晉孝武帝太元七年（前秦苻堅建元十八年、西元三八二年）朝貢前秦以來，歷一百二十六年甚少與中國接觸，直至南北朝時代梁武帝天監七年（北魏宣武帝永平元年、西元五〇八年），新羅始向北魏入貢，法興王並於梁武帝普通二年（西元五二一年）遣使臣隨百濟使臣共朝於梁。其後，新羅高僧圓光於梁敬帝太平元年（西元五五六年）前往梁都建康禪修，攻研佛法。

由於新羅僻處朝鮮半島東隅埋頭經營，國勢日盛，當陳文帝天嘉三年（日本欽明天皇二十三年、西元五六二年），新羅眞興王一反對日本臣屬態度，征併任那，並焚燬日本府署，自此，日本在朝鮮半島勢力不振，而新羅在半島上漸露頭角；其疆域所及東至日本海，西達黃海，南窺晉州，昆湯以西之地，西北奄有臨津江附近地區，北及東北地方，除南漢江的上流外，江原道大部也爲其勢力範圍。

其後，新羅繼續對南陳與北齊修好，幾乎歲歲入貢。

七 南北朝時代中國文化對高句麗的影響

（一）高句麗盛行中國六朝服飾

當中國南北朝時代，高句麗貴族模仿南朝服飾，此點可從高句麗陵墓所繪壁畫女像服飾，與中國六朝（吳、晉、宋、齊、梁、陳）時代仕女所着服飾相同，獲得證明。

（二）高句麗畫風受北魏影響

高句麗陵墓所繪壁畫線條勁拔，其雄渾豪宕的筆風，顯受北魏畫風影響。

（三）高句麗大量輸入中國圖書

梁武帝時代，中國文字在高句麗頗爲盛行，研究中國文字的「訓詁書玉篇」、「字林」、「字統」等書籍大量流入彼邦。蕭統（梁武帝之子，即昭明太子）編撰的「昭明文選」尤爲高句麗文人學士所喜愛，而其他中國經、史書籍亦甚暢行。

八　南北朝時代中國文化對百濟的影響

（一）百濟流行中國六朝石工與雕刻藝術

百濟寺院的寶塔雕築，顯受中國建築的影響，例如陵山里的平濟塔，即是模仿南北朝時代的作品。在百濟舊壤出土的瓦當，其花紋規制與南京出土的南朝古瓦相似。其他百濟出土的金銅佛與鍍金三尊佛，其雕塑技術又無疑受到中國六朝技藝的影響。

（二）梁武帝派遣專家指導百濟開發

梁武帝蕭衍於大同七年（西元五四一年）應百濟之請，派遣毛詩博士、講禮博士、醫學、百技等專門人才，前往百濟，協助開發工作。此為南北朝時代，中國政府有計劃的對百濟的技術援助。

（三）百濟流行中國南朝飾物

在百濟國都舊址的熊津（今公州）與泗沘（今扶餘）古墓中，發現鏤空花紋的金冠飾物，其式樣一如中國南朝的型式。

九　南北朝時代中國文化對新羅的影響

以「國小不能自通使聘」自喻的新羅，雖與中國發生外交關係較之高句麗與百濟為晚（新羅晚於高句麗一百二十八年，晚於百濟九十二年），但自入貢中國以來，新羅對中國文化的吸收與發揚，有後來居上之勢，而其文化進展亦一日千里。其受中國文化影響，較之高句麗、百濟二國尤為深遠。

（一）新羅採行中國典制

新羅於南朝梁武帝天監元年（西元五〇二年）依照中國的禮俗，制定國民「喪服」，頒行全國。梁天監十一年（西元五一二年），新羅採用中國諡法，為君臣死後的榮誄。梁中大通六年（西元五三四年），新羅依照中國紀元，建立新羅紀元。這些典制原在中國南北朝時代以前早經實行，祇不過是在南北朝時代傳入新羅而已。至中國民間習尚的「曲水宴」，雖於東晉時代已傳入新羅，但在南北朝時代更為盛行於彼邦。

（二）新羅流行中國工藝品

在新羅舊都金城（今慶尚北道慶州）出土的陶器，其燒焙技術與陶器上的波紋，經考古學家研究，與民國十七年（西元一九二八年）在南京出土的南朝瓦器及民國十八年（西元一九二九年）在大同出土的北魏缶甕的碎片相同。其他如慶州掘出鏤空花紋的銅馬鐙，亦是六朝流行的工藝品。

（三）新羅寺廟建築及佛刻採用中國型式

在新羅文化史上，最大特色是佛寺的巍峩建築，如著名的皇龍、興隆二寺的建築，多具六朝型式。而皇龍寺的壁畫及佛國寺石窟庵中的佛像雕刻，無不染有六朝藝術的風格。

（四）新羅流行中國服飾及玻璃器物

新羅人的服飾，從出土的遺物可證明其模仿六朝的式樣。在慶州古墓掘獲的玻璃器物，則是北魏傳入新羅的奢侈品，蓋北魏因得大月氏人傳授，對玻璃飾物及器具已能自製，新羅自北魏永平元年（西元五〇八年）通使以來，新羅與魏交通日漸暢通，玻璃器物於此時期輸入彼邦。

按自漢代以還，西方玻璃器物已輸入中國，在洛陽西三十里古墓出土的玻璃耳環，據專家研究，其製法與同時期地中海附近發現的玻璃器物相同（英國不列顛博物館現存有此項遺物）。據羅馬史學家不里尼烏斯（西元二十三年至七十九年）的「博物誌」載：「當時亞歷山大城所製各種玻璃，有半透明之紅白色者，有色似螢石青玉，或風信子者，又有用黑色玻璃製成之杯盌。羅馬玻璃種類尤多；透明者有藍、綠、黃、紫、棕、紅諸色；不透明者亦有白、黑、紅、藍、黃、綠、橙黃諸色，而以似石英之純白玻璃爲貴。」（譯文見方豪「中西交通史」）玻璃器物雖自漢代由西方輸入中國，但在西晉以前中國仍不能自製，潘尼的「玻璃碗賦」，便可證明西晉時期玻璃器物仍來自西域。直至南北朝時代，大月氏工匠至北魏洛陽傳授玻璃製法，並設窰製造，自此，製造玻璃技術始由北朝傳至南朝，其成品亦輸入朝鮮半島。

（五）佛教在新羅的盛行

佛教雖非產生中國，但經中國的發揚光大則是事實。前秦苻堅時代將佛教傳入高句麗，四十五年後高句麗又將佛教傳入新羅。

當佛教未傳入新羅之前，新羅人信奉多神，如巫咒，薩滿教，以及對祖先、自然與太陽的崇拜；從新羅始祖朴赫居世至智證王的歷代君主名（含日光或巫之義）即可證明。新羅在朝鮮半島三大國家中，雖然奉佛較晚，却信佛最誠；如新羅第二十代國君因佞佛而自稱「慈悲王」，國君崇佛如此，民間效行可知。其後，新羅國王、王妃亦有削髮皈佛，甘爲僧尼者。由於人君之提倡，新羅全國普遍瀰漫信佛之風，佛教因而大興。

十　南北朝時代中韓文化的交流

朝鮮半島諸國普遍愛好音樂與舞蹈，尤以高句麗爲最，「南史」說：「其國俗習歌舞，國中邑落男女每夜羣飲歌戲。」當南北朝時代，中國與朝鮮半島交通頻繁，高句麗與百濟的歌舞隨之傳入中國，頗受歡迎；南朝劉宋與北燕、北魏都盛行高句麗與百濟的歌舞。而中國樂器如琴、瑟、笙、箏、竽、簫、篪，以及漢魏以來流行中國的羌胡樂器如箏箜、鼓角、箜篌、琵琶、腰鼓，亦於此時輸入朝鮮半島，成爲韓人的主要樂器。其後，高句麗將中國的七弦琴改造成玄琴；新羅將中國的琵琶改變成與中國原制完全不同的琵琶；駕洛將中國的箏改造成駕洛琴。

自箕子開拓朝鮮以來，朝鮮半島諸國歷一千五百餘年，僅片面的吸收中國文化，直至中國南北朝時代，半島國家不僅擷取中國文化，且將其本國文化輸往中國，相互交流，互爲影響，這顯然是韓人文化的進步。個中原因筆者歸納爲二點：

㈠中韓使節交往頻繁，相互觀摩，以及中韓商賈貿易發達，自易促進文化交流。

㈡中韓文化因華人大批移居半島，如東漢黃巾之亂，晉代五胡亂華，以及華人自動遷徙，與罪犯流放（如曹魏之際，司馬氏排斥夏侯玄、樂敦、劉賢等人，將彼等家屬流放樂浪），而助長文化交流，他們不但是中國文化的傳播者，且因婚姻關係，促成中韓血統的混合，所以中韓不僅是地理上「壤地相接」的「唇齒之邦」，且在血統上更是「血肉相連」的「兄弟之國」。

十一　日本勤求中國技藝人才

日本雄略天皇是個醉心漢化的人，對東渡三島的華人特加重用，並聘請他們處理政府事務，又因漢人長於海外事務，故派遣使節亦由漢人擔任，例如身狹村主青出使南朝卽爲一例。當宋明帝泰始四年（日本雄略天皇十二年、西元四六八年），日本雄略天皇以身狹村主青、檜畏民、使博德等出使南朝，他們一行並至江南吳地勤求中國技藝人才，結果將「漢織」、「吳織」縫裁女技工偕同返日，泊於吉津，教授日人裁縫技術。

十二　百濟傳播中國文物於日本

百濟與日本邦交關係素睦，對中國文化傳播日本尤具熱忱，已於前章述及。當中國南北朝時代，百濟於南朝梁武帝天監十二年（日本繼體天皇七年、西元五一三年）遣五經博士高安茂代、殷揚爾等前往日本，獻贈五經。其後，百濟王柳貴、馬丁安先後朝日獻五經。

梁元帝承聖二年（日本欽明天皇十四年、西元五五三年），百濟醫博士、易博士、曆博士接踵赴日，傳授日人醫學、易經、曆學，並將中國卜書、曆書以及草木藥物攜往日本。

翌年，百濟王道良赴日獻易經；王保孫、王保深等獻醫、卜、曆、算諸書。

當南朝陳後主禎明二年（日本崇峻天皇元年、西元五八八年），百濟僧遣曹實等九人至日，獻舍利及迦籃、罏、盤、瓦、畫等技藝人才。

由於百濟一再傳播中國文物及技藝人才輸日，遂使日本文化內容益趨豐富，而日人生活亦獲改善。

十三　佛教經百濟傳入日本

佛教於東晉孝武帝太元九年（西元三八四年）自中國傳入百濟以來，百濟朝野禮佛甚盛。當南北朝時代，有南梁人司馬達於梁武帝普通三年（日本繼體天皇十六年、西元五二二年）前往日本，結草堂於大和阪田原，安奉神佛，勸導日人皈依禮佛，惟日人以「異域之神」，多不之信。之後，百濟聖明王以佛像、佛經，於梁武帝大同四年（日本欽明天皇戊午年、西元五三八年）獻贈日本，此爲百濟傳播佛教至日之始。

梁元帝承聖元年（日本欽明天皇十三年、西元五五二年），百濟聖明王遣西部氏達偕怒唎斯、致契等赴日獻釋迦佛金銅像一座、幡蓋若干、經論若干卷，並闡揚佛法：「是法於諸法中，最爲殊勝，難解難入，周公、孔子尙不能知。此法能生無量無邊，福德果報，乃至成無辨無上菩提，譬如人懷隨意寶，逐所須用，盡依情，此妙法寶亦復然，祈願依情無所乏。且夫遠自天竺，爰泊三韓，依教奉持，無不尊敬，由是百濟王臣明，謹遣陪臣怒唎斯致奉傳帝國，流通畿內，果佛法所記我法東流。」（日本書紀）此爲百濟在日本公開傳播佛教之始。

日本自百濟獻佛之後，在朝大臣因佛教的見解不同，分成崇佛派與排佛派，前者以蘇我稻目爲代表，他認無「西方諸國一皆禮之，豐秋日本豈獨背也？」後者以大連物部尾與中臣鎌子爲代表，他們認爲「我國家之王天下者，恒以天地社稷百八十神，春、夏、秋、冬祭拜爲事，方今改拜番神，恐致國神之怒。」其實此兩派對佛教的爭執，僅是表面的藉口，實乃氏族勢力之爭，亦即新舊兩派之爭，蓋蘇我氏可列爲皇室代表，自武內宿禰以至滿智禰，均掌皇家神物財物，辦理外人移民事宜，常與華人、韓人接觸，思想較爲進步，而大連氏爲日本門閥，世代將業，性富保守，中臣氏則爲神道高僧，彼此立場不同，觀點自不一致，兩派結黨對立，相互攻訐。

百濟不因日本在朝大臣對佛教之爭，而停止將佛教傳播日本，其後，在南朝陳宣帝太建九年（日本敏達天皇六年、西元五七七年）及陳太建十一年（西元五七九年）先後又將經論、佛像並禪師、比丘尼、咒禁師、造佛工匠獻贈日本。

日本崇佛派與排佛派之爭，直至陳後主至德二年（日本敏達天皇十三年、西元五八四年）崇佛派獲得勝利，百濟人鹿深臣、佐伯連各攜彌勒石像一尊贈崇佛派的蘇我馬子，蘇我氏乃捨私舍而興佛寺於石川，安奉石佛，並拜高句麗惠師爲師，度善信尼、禪藏尼、惠善尼，池邊冰田與司馬達等共弘佛法，從此，佛教在日本普遍傳播。

惟佛教在日擴張日廣之後，由於佛教慈悲與平等的思想，對當時日本氏族部落的「氏上」（按日本自崇神天皇以降，國內尚未統一，九州以東之蝦夷族勢力方盛，而九州以北之豪族亦大部獨立，全國各地各以血統關係結合成若干政治單位，其首領日史稱之氏上）影響頗大，他們一向所擁有的無上權威，至此開始動搖。甚而日本推古朝（當中國隋代）改革政治與制定冠位，亦受佛教的影響。又因佛像、佛工的源源輸日，而奠定日本美術的基礎，造成日後日本美術史上具有輝煌地位的推古時代。

十四　日本遣使朝宋

宋武帝卽位翌年，頒給日本詔書。「宋書夷蠻傳」對此事有明白記載：「倭國在高麗東南大海中，世修貢職。高祖永初二年（西元四二一年），詔曰：『倭（仁德天皇）讚萬里修貢，遠誠宜甄，可賜除授』。」，於是日本對南朝繼續遣使入貢。綜計終劉宋一代，凡六十一年間，日本曾有八次朝獻，歷仁德、履仲、允恭、安康、雄略五帝，宋廷均以「將軍」封號頒賜日皇。當西元四三八年（日本允恭天皇元年），日本第三次來貢，「宋書文帝紀」說：「元嘉十五年，是歲倭國遣使獻方物，以倭國王珍爲安東將軍。」，「宋書倭國傳」，對文帝加封日皇爵號，有所說明：「讚死，弟珍立（據日人考證，珍爲反正天皇，係讚之子，非其弟），遣使貢獻。自稱使持節都督倭、百濟、新羅、任那、秦韓、慕韓六國諸軍事，安東大將軍，倭國王，表求除正。詔除安東將軍倭國王。珍又求除正倭隋等十三人平西征虜冠軍輔國將軍號。詔並聽之。」

東漢光武帝賜給倭王「漢倭奴國王」的金印，已見前述。惟假封事實，則史無明文。魏明帝以倭女王爲親魏倭王，並以其使臣爲中郎將，這是寵命錫自中國。自宋武帝有倭讚可賜除授之詔，繼而倭珍自稱安東大將軍倭國王，上表求除正，與光武時期，倭王自稱大夫較之，眼界已大。此爲日人自稱爵號，請求加封之始。

雄略天皇卽位後，大和的國勢，隨其武力而日漸擴張，仍秉父兄遺志，繼續遣使入宋。

十五　日本的熱中華化

雄略之時，日本國勢漸盛，日廷權力亦日增大。他爲了振興國內實業，於宋明帝泰始年間，遣身狹村主青、檜畏民等使吳，攜手末才伎、漢織、吳織及織縫女工返日，於是縫衣之術，傳入日本。在此以前，日本男子以「橫幅做衣」，而婦人則「衣如單被」，固不知縫紉爲何事。雄略復派小子部螺羸，集國內之蠶，使后妃親臨蠶事，並飭應神時代遷入的華人後裔，從事養蠶織絹，藉以實現中國人的「衣冠王國」。由於歡因知利的報告，帶方郡尚有藝能優秀之漢人居留百濟，於是應神復派吉備弟君前往百濟羅致這批人才。這時百濟與日本關係密切，並賴日本支援，方能在半島立國。吉備弟君在百濟物色的人才計有：

（一）陶器部有高貴等人。

（二）製鞍部有堅貴等人。

（三）繪畫部有因斯羅我等人。

（四）製錦部有定安那錦等人。

（五）譯語部有印安那等人。

每一部門的人數多寡不定，有數人到數十人不等。其他尚有衣縫部、手人部，以及害人部（按割烹肉類）。漢人遷日既多，日本食物範圍，亦次第推廣，而烹調方法，亦逐漸改良。「日本書紀」稱這批漢人，叫做「新漢人」，以示區別在應神天皇時代，由阿知使主所率領前往日本的漢人。

雄略天皇爲了處理政府事務，對漢人特加重用，比如派弓月君後裔秦氏任太藏出納，管理財政，即屬一例。又因漢人擅長文書，故外交文書的起草亦出之彼輩之手（雄略上宋順帝的表文或爲歸化漢人手筆）。又因爲漢人長於海外事務，故出使海外亦多由他們擔任，例如身狹村主青等的入使南朝，羅致女工、漢織等，卽此一例。可見終雄略一生，身受南朝文化的刺激甚深，雖然雄略臨終之時，以未能達成「衣冠王國」而感遺恨，如雄略遺詔說：「不謂遘疾彌留，至於大漸，此乃人生常分，何足言及。但朝野衣冠，未得鮮麗，教化政刑，猶未盡善，興言念此，唯以留恨！」但是日本日後推古朝的優美文化，舉凡雕刻、繪畫、織物，以及刺繡的精良，實淵源於雄略致力漢化之功與華人之貢獻耳。

十六　齊對日本的封爵

南朝宋國亡於順帝昇明二年（西元四七八年），權臣蕭道成篡宋，改國號爲齊，是爲齊高帝，時爲西元四七九年。宋凡八傳，六十一年而亡。高帝卽位時（建元元年），援前朝例，進封日皇武（雄略）爲「鎭東大將軍」。惟當此時，日本皇族對於皇位之爭，日趨激烈，雄略致力討平皇室內訌，引起骨肉殘殺。故自宋順帝昇明二年以後，以至蕭齊一代，中國史書未見日本來朝，齊高帝對日本之授爵，僅係外交形式而已。

十七　梁對日本的授爵

西元五〇二年，齊和帝被雍州刺史蕭衍逼迫而死，齊享國二十三年卽亡。蕭衍改國號爲梁，是爲梁武帝。據「南史夷蠻傳」說：「梁武帝卽位，進武號征東大將軍」，「梁書東夷傳」、「文獻通考」

等書均載此事。惟以梁武帝即位之年代言，此封爵事亦例屬形式，蓋武帝即位在西元五〇二年，而雄略之歿在西元四八九年，故知梁國之對日授爵，乃因新建朝代，亦仿齊高帝建國時之進封日皇武（雄略）爲鎭東大將軍之例，授以征東大將軍耳。同一時期，梁國並對高句麗、百濟、宕昌、吐谷渾等國授爵。自此至隋之興，中日史書已不見日本通使之事。在此時期，日本因皇位之爭，結果日廷大權旁落，而漸移於中央豪族之掌握。

十八　南朝中國文化促進日本文化的改善

晉室因五胡亂華而南遷，因之中國文化亦隨之由北而南。晉亡，南朝宋興，仍都建康，中國文化繼續在南朝發揚。日人通使南朝先後達八次之多，雖以政治爲主，然因往來於「文章華國」的南朝京都，耳染目濡於漢宮的莊麗與漢人高度的物質文明，在在予他們很大的刺激。返國之後，有口皆碑的爭相贊譽，或對當局有所建議，對日本文化的影響自必甚大。加之漢字漢學的傳日，對日本政治文化以及國民思想啓迪尤多。而通使往來，亦兼貿易行爲，如「文獻通考」說：「浮海入貢及通互市之類」，中國生產品的輸入日本，因而提高日人的物質生活，直接間接不無促進日本文化改善的動機。何況日本自應神、雄略的努力華化，隨着時間的進展，建國工作亦臻完成，於是整套模仿中國的政教文化，建立一新興的日本國家，成爲日本朝野的唯一目標。因之西元七世紀中葉，日本在政治上，產生「大化改革」。

參考書目

王　儀　中國通史
王　儀　中韓關係與日本
王　儀　中日關係史
徐亮之　中韓關係史話
司馬遷　史記
林泰輔　朝鮮通史（日）
增補文獻備考（韓）
檀弓
淮南子齊俗訓
梁容若　從文化上看中韓交誼
勞　幹　秦漢史
後漢書東夷傳
朝鮮史略
黃淮業　朝鮮的開化

前漢書朝鮮列傳
內田博士　日本國史總論
日本通史（日）
漢書地理志
李迺揚　韓國通史
楊予六　中韓關係大事年表
宋希尙　漢代的水利專家樂浪人王景
蘇瑩輝　中韓金石文字因緣
吳志孫權傳
松下見林　異稱日本傳（日）
木宮泰彥　中日交通史（日）
魏書
南史
文獻備考（韓）
應神紀（日）
雄略紀（日）

姓氏錄（日）
三代實錄（日）
日本書紀（日）
張蔭麟　中國上古史綱
內　籐　卑彌呼考（日）
魏志倭人傳
新井君美　同文通考（日）
宋書夷蠻傳
宋書文帝紀
梁書東夷傳
文獻通考
晉書
後漢書光武帝紀

中華史地叢書
古代中華關係與日本

1912

作　　者／王　儀　著
主　　編／劉郁君
美術編輯／中華書局編輯部

出 版 者／中華書局
發 行 人／張敏君
行銷經理／王新君
地　　址／11494 臺北市內湖區舊宗路二段181巷8號5樓
客服專線／02-8797-8396　　　傳　　真／02-8797-8909
網　　址／www.chunghwabook.com.tw
匯款帳號／兆豐國際商業銀行　東內湖分行
　　　　　067-09-036932　中華書局股份有限公司

法律顧問／安侯法律事務所
印刷公司／維中科技有限公司　海瑞印刷品有限公司
出版日期／2015年3月再版
版本備註／據1973年3月初版復刻重製
定　　價／NTD 248

國家圖書館出版品預行編目（CIP）資料

古代中韓關係與日本 / 王儀著. — 再版. —
臺北市 : 中華書局, 2015.03
面 ; 公分. — (中華史地叢書)
ISBN 978-957-43-2405-7(平裝)

1.中韓關係 2.中日關係

641.11　　　　104006394

NO.G0016
ISBN 978-957-43-2405-7（平裝）